Jacob Merten

Über die Bedeutung der Erkenntnislehren

des h. Augustinus und des h. Thomas v. Aquin für den geschichtlichen Entwicklungsgang der Philosophie als reiner Vernunstwissenschaft

Jacob Merten

Über die Bedeutung der Erkenntnislehren
des h. Augustinus und des h. Thomas v. Aquin für den geschichtlichen Entwicklungsgang der Philosophie als reiner Vernunstwissenschaft

ISBN/EAN: 9783743669758

Hergestellt in Europa, USA, Kanada, Australien, Japan

Cover: Foto ©ninafisch / pixelio.de

Weitere Bücher finden Sie auf **www.hansebooks.com**

Festschrift
des Bischöflichen Priesterseminars zu Trier.

Zur hohen Feier der Inthronisation

Sr. Bischöflichen Gnaden des Hochwürdigsten Bischofs,

Herrn
Dr. Leopold Pelldram,

Hausprälat Sr. Heiligkeit Pius IX. und Ritter hoher Orden,

auf den Bischöflichen Stuhl von Trier
am 11. Juni 1865.

Ueber die Bedeutung der Erkenntnißlehren des h. Augustinus und des h. Thomas v. Aquin für den geschichtlichen Entwicklungsgang der Philosophie als reiner Vernunftwissenschaft.

Eine historisch-philosophische Abhandlung

von

Dr. Jacob Merten,
Professor der Philosophie am Priesterseminar zu Trier.

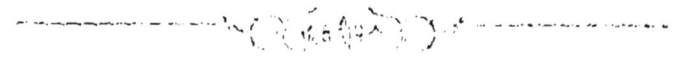

Trier.
Verlag der Fr. Lintz'schen Buchhandlung.
1865.

Sr. Bischöflichen Gnaden,

dem hochwürdigsten Bischofe,

Herrn

Dr. Leopold Pelldram,

Hausprälat Seiner Heiligkeit Pius IX. und Ritter hoher Orden,

als Ausdruck ehrfurchtsvoller Huldigung und treuer Ergebenheit

in tiefster Ehrerbietung

gewidmet.

Vorwort.

Der schmuckvollste Ehrenkranz, mit welchem das Priesterseminar als Pflanzstätte kirchlicher Wissenschaft und priesterlicher Tugend unsern Hochverehrten Oberhirten bei Hochdessen Inthronisation erfreuen kann, möchte wohl derjenige sein, in welchem als Perlen die Lehren der beiden großen heiligen Augustinus und Thomas von Aquin, der Hauptzierden katholischer Wissenschaft und Tugend, in ihrem Werthe für die geistigen Interessen der Jetztzeit erglänzen. Das Thema unsrer Abhandlung will derartige Perlen im theoretischen Gebiete auflesen und solchem Ehrenkranze einflechten. Mögen Seine Bischöflichen Gnaden die Tage schauen, in welchen der tugend- und ideenreiche Geist jener unbesiegten Vorkämpfer für die Wahrheit die fast erschöpfte philosophische Wissenschaft unsrer Tage zu einem neuen, vor falschen Auswüchsen geschützten und mit segenvoller Kraft erfüllten Leben erweckt und erhoben hat!

Trier, am 28. Mai 1865.

Der Verfasser.

Et ideo fortasse merito philosophi in rebus intelligibilibus diritias ponunt, in sensibilibus egestatem. Quid enim aerumniosius, quam minus atque minus semper posse fieri? Quid ditius, quam crescere quantum velis, ire quo velis, redire cum velis, quo usque velis, et hoc multum amare, quod minui non potest?

Augustin. ad Nebrid. epist. IV., 2.

Das Uebersinnliche, dessen Erkenntniß die Philosophie mit wissenschaftlicher Tendenz geschichtlich zuerst erstrebt, ist das Wesen der sinnfälligen Dinge. Was uns die Geschichte über die frühesten philosophischen Lehren der Griechen berichtet, deren rege und ebenmäßige Geistesthätigkeit so ganz geeignet war, das menschliche Ringen nach tieferen Erkenntnissen der wissenschaftlichen Richtung entgegenzuführen, bezeugt nur einander überbietende Versuche, die Weise, in welcher der Mensch das Wesen jener Dinge erkennen könne, auszubindig zu machen, und darum bloße Hinleitungen zu Platon, der das begriffliche Denken ein für allemal als diejenige geistige Thätigkeit fixirte, in welcher das Bleibende und wahrhaft Seiende d. h. das Wesen der Dinge erkannt werde. Die Wahrheit, für welche alle bedeutenden Erzeugnisse des philosophirenden Menschengeistes einstehen: daß der Weise, in welcher man das Verständniß über die Natur der Dinge erziele, das Verständniß selbst entspreche, leuchtet aber auch schon bei jenen Erstlingsversuchen durch. Die älteren Jonier ließen sich beim Philosophiren von den Naturerfahrungen, die sich auf die Sinneswahrnehmungen gründeten, leiten; und ihr Philosophem bestimmte das Wesen der Dinge als eine materielle Umsetzung eines in sich kräftigen Urstoffes. Die Pythagoräer richteten als Mathematiker ihr Hauptaugenmerk auf die Zahl (als Ausdruck des Maaßes), von welcher sie sowohl das menschliche Erkennen, als die wirklichen Dinge beherrscht glaubten, welche sie daher auch, mit der symbolischen Bedeutung des Unbegrenzten und Begrenzten, für das Wesen der Dinge und somit letztre für bloßes Maßverhältniß hielten. Die Eleaten legten auf das **abstrahirende Denken** alles Gewicht; und die Dinge schrumpften ihnen unter der alles Mannigfaltige ausscheidenden Macht dieses Denkens auf ein **Alleines**, welches sie das Seiende nannten, zusammen. Die jüngeren Jonier wollten dem Seienden der Eleaten **und der durch die Sinneswahrnehmung aufgenöthigten** und von den älteren Joniern behaupteten Vielheit der Naturdinge gleichlautende Rechnung tragen; und das Wesen der Dinge gestaltete sich ihnen zu einem Complex, in welchem das **Ewige** (das Seiende) vier **Naturelemente** oder unzählige **einfache** nicht qualitativ verschiedene **Körperchen** (Atome) waren, entweder selbst mit Kräften zu den verschiedenen Verbindungen und Auflösungen ausgerüstet, oder von einem mechanisch wirkenden selbständigen Geiste bewältigt. Sokrates endlich, der Sophisten scharfer, aber gerechter Gegner, vindicirte zwar dem **abstrahirenden Denken** vorzüglich nur die **unwandelbaren ethischen Normen**, welche dem vielgestaltigen **menschlichen Leben** Regel und Ordnung verleihen sollten, als Gegenstand zu **Begriffserklärungen**, jedoch nur überleitend zu der nun umfassenderen Gehalt gewinnenden Geschichte; denn Platon schon, das **begriffliche** Erkennen an sich in bedachtsame Erwägung ziehend, fügte den im Geiste des Sokrates angestellten ethischen Betrachtungen die begriffliche Erforschung der Naturdinge hinzu und gab dadurch dem begrifflichen Erkennen Anweisung auf das ganze philosophische Gebiet, so daß dasselbe in seinen Augen sogar zur Erkenntniß des wahrhaft Seienden als der **ewigen allgemeinen Wesensnormen aller Sphären** des Existirenden das Mittel ward. Da Platon aber dem allgemeinen Begriffe entsprechend auch das Wesen der Dinge in sich **allgemein** faßte, gingen Allgemeines und Individuelles für die Dinge in zwei von einander geschiedene Sphären, in ein Jenseits von Ideen, welche im Diesseits der Materie nur getrübt sich abbilden könnten, auseinander. Jedenfalls jedoch gründete sich mit Platon die bewußte Erkenntniß des Wesens eine bleibende Stätte in der Philosophie; und es handelte sich nur darum, das Mangelhafte an der von Platon aufgestellten Lehre zu verbessern, das noch Fehlende zu entdecken und eine allseitige Entwicklung der Philosophie einzuleiten. In diese Richtung ging zuerst **Aristoteles** ein, der, wie kein Anderer unter den Griechen, die Geistesblicke des Platon den Gesetzen und Formen des empirischen Denkens entsprechend zu machen, und das übersinnliche Wesen mit dem veränderlichen Sinnfälligen in innigen Zusammenhang zu bringen verstand. Wie mannigfach und verschieden aber auch alle fernere philosophische Bestrebungen sich gestalteten, dieselben legen fortwährend Zeugniß für die Regel ab: wie die Erkenntnißlehre, so die Philosophie. Soll diese Regel etwa bloß für die einzelnen Systeme der Philosophie Geltung haben? Soll dieselbe nicht auch für die Philosophie als geschichtliches Ganze von Bedeutung sein? Zur Beantwortung dieser Frage glauben wir die historisch philosophische Nachweise liefern zu können, daß die Augustinisch-Thomistische Erkenntnißlehre bezüglich der philosophischen Forschungen ihrer Nachwelt die Bezeichnung eines causalen Princips verdiene, jedoch eines solchen, welches durch die Erkenntnißlehren der Vorzeit bedingt sei, und in diesem Bedingtsein den letztern das Mitprincipsein vermittle. Einer höheren Anforderung vermeinen wir aber hierbei auch nicht entsprechen zu sollen. Denn der erkenntnißtheoretische Keim für die historische Entwicklung der Philosophie müßte eigentlich in der Platonisch-Aristotelischen Erkenntnißlehre gesucht werden, wäre dieser Keim, in der Geistesnacht des Heidenthums geboren, nicht ein verkümmerter und kranker gewesen, der, wie die Geschichte zeigt, als solcher nicht die Grundlage der künftigen Entfaltung der Philosophie sein sollte. Mußte derselbe nun doch, aber als lebenskräftiger und gesunder, seiner ursprünglichen Bestimmung dienen, so zählte er erst für die wirkliche Entwicklung von dem Momente der Regeneration an, und dieser Moment datirt von der Augustinisch-Thomistischen Erkenntnißlehre her, welche darum auch die zum Principsein wahrhaft befähigte Erkenntnißlehre ist. Insofern dagegen letztere den Platonisch-Aristotelischen Keim aufgenommen haben mußte, um Princip zu sein, kann sie selbst nicht als ursprüngliches, sondern nur als ein durch das ursprüngliche vermitteltes Princip der Entwicklung angesehen werden, welches durch seine Qualität des Principseins zugleich dem ursprünglichen Keime die Theilnahme an der principiellen Thätigkeit zumittelt.

Die Nachweise nun, daß die Augustinisch-Thomistische Erkenntnißlehre ein solches beziehungsreiches Princip für die philosophischen Forschungen der Vor- und Nachzeiten sei, wollen wir in gegenwärtiger Abhandlung zu führen suchen, und zu dem Zwecke zuerst die Erkenntnißlehren des h. Augustinus und des h. Thomas von Aquin in ihre Grundelemente zerlegen, um in jenen das Erkenntnißtheoretische des Platon und des Aristoteles und ihr eigenes Verhältniß zu einander aufzufinden, und sodann die Relation der Augustinisch-Thomistischen Erkenntnißlehre zu den philosophischen Bestrebungen der Neuen Zeit in Untersuchung ziehen.

I.
Die Erkenntnißlehre des h. Augustinus ist christlich-platonisch, die des h. Thomas christlich-aristotelisch und augustinisch.

1. Der h. Augustinus lehrt die Erkenntniß des Übersinnlichen, indem er den Weg angibt, auf welchem wir zur Erkenntniß des Wahren gelangen können. Der zur Erkenntniß des Wahren führende Weg ist ihm identisch mit demjenigen, der uns zur Erkenntniß des Unwandelbaren hinleitet; denn das Wahre bleibe sich selbst gleich und zeichne sich durch seine Unwandelbarkeit aus. Unwandelbares nun, so lehrt Augustinus, erreichen wir nicht mit den Sinnen; denn das Sinnfällige verändert sich ohne Unterlaß, ist fortwährend im Werden begriffen. Dazu kommt, daß der Mensch hin und wieder, wie im Schlafe oder im Wahnsinne, Sinneseindrücke erleidet, als rührten sie von anwesenden körperlichen Dingen her, und doch vermag derselbe mit den Sinnen nicht zu entscheiden, daß ihm bloße Bilder vorschweben, so daß gesagt werden muß, das Urtheil über Wahrheit ruhe nicht in den Sinnen. Wollen wir also die unwandelbare Wahrheit erkennen, so müssen wir uns von der körperlichen und sinnfälligen Welt abwenden, das Gebiet der Sinnesthätigkeit verlassen und uns auf das geistige, welches sich in unserm Innern findet, begeben [1]).

---

[1]) Omne quod corporeus sensus adtingit, quod et sensibile dicitur, sine ulla intermissione temporis commutatur: velut cum capilli capitis nostri crescunt, vel corpus vergit in senectutem, aut in juventam efflorescit, perpetuo id fit, nec omnino intermittit fieri. Quod autem non manet, percipi non potest: illud enim percipitur quod scientia comprehenditur. Comprehendi autem non potest quod sine intermissione mutatur. Non est igitur exspectanda sinceritas veritatis a sensibus corporis. Sed ne quis dicat esse aliqua sensibilia eodem modo semper manentia, et quaestionem nobis de sole atque stellis afferat, in quibus facile convinci non potest: illud certe nemo est, qui non cogatur fateri, nihil esse sensibile quod non habeat simile falso, ita ut internosci non possit. Nam ut alia praetermittam, omnia quae per corpus sentimus, etiam cum ea

Das Erkennen des Wahren geht in ähnlicher Weise vor sich, wie das Sehen des Sinnfälligen. Zum Sehen ist erforderlich, einerseits ein gesundes Auge, welches hinblickt und dann sieht, andererseits ein sinnfälliger Gegenstand und die leuchtende Sonne, durch deren Licht der Gegenstand beleuchtet und das Gesehenwerden desselben ermöglicht wird. So ist auch zum Erkennen des Wahren erforderlich: von Seiten der Seele ein gesundes Auge, welches der Geist (mens) ist, wenn derselbe von seiner sittlichen Verkommenheit, in der er für das Uebersinnliche wenig Empfänglichkeit hat, befreit worden, das Hinblicken (die Sehkraft) dieses Auges, die Vernunft (ratio), und endlich das Schauen (visio); von Seiten des zu Erkennenden das Gegenständliche z. B. die Beweise der Wissenschaften, und das Licht, in welchem das Gegenständliche als Wahres erglänzt und geschaut werden kann; auch Gott ist Gegenstand des Erkennens d. h. des Schauens, aber in anderer Weise, als die wissenschaftlichen Beweise, die nur im Lichte des erleuchtenden Gottes erkannt werden. Die Schauung ist die Erkenntniß der Seele, das Product des Erkennenden und dessen, welches erkannt wird [1]).

non adsunt sensibus, imagines tamen eorum patimur tanquam prorsus adsint, vel in somno, vel in furore. Quod cum patimur, omnino utrum ea ipsis sensibus sentiamus, aut imagines sensibilium sint, discernere non valemus. Si igitur sunt imagines sensibilium falsae, quae discerni ipsis sensibus nequeunt, et nihil percipi potest, nisi quod a falso discernitur, non judicium veritatis constitutum in sensibus. Quamobrem saluberrime admonemur averti ab hoc mundo, qui profecto corporeus est et sensibilis, et ad Deum, id est veritatem, quae intellectu et interiore mente capitur, quae semper manet et ejusdem modi est, quae non habet imaginem falsi, a qua discerni non possit, tota alacritate converti. De divers. quaest. octog. tr. quaest. IX.

[1]) R. Promittit enim ratio, quae tecum loquitur, ita se demonstraturam Deum tuae menti, ut oculis sol demonstratur. Nam mentis quasi sui sunt oculi sensus animae: disciplinarum autem quaeque certissima talia sunt, qualia illa quae sole illustrantur ut videri possint, veluti terra est atque terrena omnia: Deus autem est ipse qui illustrat. Ego autem ratio ita sum in mentibus, ut in oculis est adspectus. Non enim hoc est habere oculos quod adspicere: aut item hoc est adspicere, quod videre. Ergo animae tribus quibusdam rebus opus est: ut oculos habeat quibus jam bene uti possit, ut adspiciat, ut videat. Oculi sani mens est ab omni labe corporis pura, id est, a cupiditatibus rerum mortalium jam remota atque purgata: quod ei nihil aliud praestat quam fides primo, etc. . . Cum ergo sanos habuerit oculos, quid restat? A. Ut adspiciat. R. Adspectus animae, ratio est: etc. . . . Jam adspectum sequitur ipsa visio Dei, qui est finis adspectus, etc. . . . Ipsa autem visio, intellectus est ille qui in anima est, qui conficitur ex intelligente et eo quod intelligitur: ut in oculis videre quod dicitur, ex ipso sensu constat, atque sensibili, quorum detracto quolibet, videri nihil potest. etc. . . . Intelligibilis nempe Deus est, intelligibilia

Gott ist die Eine Wahrheit, welche alles unveränderliche Wahre enthält und Allen, welche das unveränderliche Wahre schauen, wie ein in wunderbaren Weisen geheimes und öffentliches Licht gegenwärtig ist ¹). — Als eine Hinleitung der Vernunft zur Schauung ist die ratiocinatio (das discursive Denken) zu betrachten. Die Schauung selbst heißt auch Wissen ²).

Wer wird durch diese grundzügliche Erkenntnißlehre nicht sogleich an Platonisches erinnert? Auch Platon lehrt, daß wir mittelst der Sinne nur rastlos Entstehendes und Vergehendes erfassen, und daß unsre Begriffe von dem Wesenhaften der Dinge zurückzuführen seien auf eine ursprüngliche Erkenntniß des unveränderlichen, sich selbst ewig gleichen, übersinnlichen Wesens, welche dadurch zu Stande komme, daß die reine vernünftige Seele dieses Wesen, die Ideen, im Jenseits anschaue ³); nur macht Platon dieses Jenseits der Dinge zu einer

---

etiam illa disciplinarum spectamina, tamen plurimum differunt. Nam et terra visibilis, et lux, sed terra nisi luce illustrata videri non potest. Ergo et illa quae in disciplinis traduntur, quae quisquis intelligit, verissima esse nulla dubitatione concedit, credendum est ea non posse intelligi nisi ab alio quasi suo sole illustrentur. Ergo quomodo in hoc sole tria quaedam licet animadvertere, quod est, quod fulget, quod illuminat: ita in illo secretissimo Deo quem vis intelligere, tria quaedam sunt, quod est, intelligitur, et quod cetera facit intelligi. Soliloq. lib. I, cap. 6, No. 12 et 13; cap. 8, No. 15.

¹) Quapropter nullo modo negaveris esse incommutabilem veritatem, haec omnia quae incommutabiliter vera sunt continentem, quam non possis dicere tuam vel meam, vel cujusquam hominis, sed omnibus incommutabilia vera cernentibus, tamquam miris modis secretum et publicum lumen, praesto esse ac se praebere communiter: omne autem quod communiter omnibus ratiocinantibus atque intelligentibus praesto est, ad ullius eorum proprie naturam pertinere quis dixerit? De liber. arbit. lib. II, cap. 12, No. 33. Jam ipsa veritas Deus est; ibid. cap. 15, No. 39.

²) Sed recte ista fortasse ratiocinatio nominatur, ut ratio sit quidam mentis adspectus, ratiocinatio autem rationis inquisitio, id est adspectus illius per ea quae adspicienda sunt motio. Quare ista opus est ad quaerendum, illa ad videndum. Itaque cum ille mentis adspectus, quem rationem vocamus, conjectus in rem aliquam, videt illam, scientia nominatur: cum autem non videt mens, quamvis intendat adspectum, inscitia vel ignorantia dicitur. Non enim et his corporalibus oculis omnis qui adspicit videt, quod in tenebris facillime animadvertimus. De quant. animae cap, 27, No. 53.

³) Quapropter Plato imaginibus, ut assolet, rem persequens ideas tanquam in alio mundo existere, neque tam cogitari quam mente pura adspici, iisque omnium sensibilium causas atque rationes contineri et ipsas etiam vita et motu atque intellectu praeditas esse docet, cfr. Phaedr. p. 247 C, Tim. p. 28 A, 51 D sqq., Phaed. p. 83 B, Sophist. p. 248 E, de Rep. VI, p. 509 D, VII,

anderen Welt, während Augustinus dasselbe zum Zweck des Erkennens in das Innere der Seele versetzt. Augustinus selbst spricht den Platonikern gerade deswegen ein besonderes Lob, weil sie dasjenige, was mit dem Geiste erblickt werde, von demjenigen, was mit den Sinnen erfaßt werde, genau unterschieden und denselben Gott, durch welchen Alles geworden, auch das Licht der Geister zur Bereitung der Kenntniß von Allem sein ließen [1]). Ja an jener Stelle, wo Augustinus in das Verständniß dessen, was Platon Ideen nennt, einführen will, verwebt er das Platonische so innig mit seiner eigenen Denkweise, daß Augustinisches und Platonisches ganz in einander aufgegangen zu sein scheinen [2]).

p. 517 B, al... Historia philosophiae Graecae et Romanae ex fontium locis contexta, auct. H. Ritter et L. Preller. 1857, editio sec. pag. 233.
[1]) De civit. Dei lib. VIII, cap. 7...
[2]) Ideas Plato primus appellasse perhibetur: non tamen si hoc nomen, ante quam ipse institueret, non erat, ideo vel res ipsae non erant, quas ideas vocavit, vel a nullo erant intellectae: sed alio fortasse atque alio nomine ab aliis atque aliis nuncupatae sunt etc... Sed de nomine hactenus dictum sit: rem videamus, quae maxime consideranda atque noscenda est, in potestate constitutis vocabulis, ut quod volet quisque, appellet rem quam cognoverit. — Ideas igitur Latine possumus vel formas vel species dicere, ut verbum et verbo transferre videamur. Si autem rationes eas vocemus, ab interpretandi quidem proprietate discedimus; rationes enim Graece λόγοι appellantur, non ideae: sed tamen quisquis hoc vocabulo uti voluerit, a re ipsa non aberrabit. Sunt namque ideae principales formae quaedam, vel rationes rerum stabiles atque immutabiles, quae ipsae formatae non sunt, ac per hoc aeternae ac semper eodem modo sese habentes, quae in divina intelligentia continentur. Et cum ipsae neque oriantur, neque intereant; secundum eas tamen formari dicitur omne quod oriri et interire potest, et omne quod oritur et interit. Anima vero negatur eas intueri posse, nisi rationalis, ea sui parte qua excellit, id est, ipsa mente atque ratione, quasi quadam facie vel oculo suo interiore atque intelligibili. Et ea quidem ipsa rationalis anima non omnis et quaelibet, sed quae sancta et pura fuerit, haec asseritur illi visioni esse idonea: id est, quae illum ipsum oculum, quo videntur ista, sanum et sincerum et serenum et similem his rebus, quas videre intendit, habuerit. Quis autem religiosus et vera religione imbutus, quamvis nondum possit haec intueri, negare tamen audeat, immo non etiam profiteatur, omnia quae sunt, id est, quaecunque in suo genere propria quadam natura continentur, ut sint, Deo auctore esse procreata, eoque auctore omnia quae vivunt vivere, atque universalem rerum incolumitatem, ordinemque ipsum quo ea quae mutantur, suos temporales cursus certo moderamine celebrant, summi Dei legibus contineri et gubernari? Quo constituto atque concesso, quis audeat dicere Deum irrationabiliter omnia condidisse. Quod si recte dici vel credi non potest, restat ut omnia ratione sint condita. Nec eadem ratione homo, qua equus: hoc enim absurdum est existimare. Singula igitur propriis sunt creata rationibus. Has autem rationes ubi arbitrandum est esse, nisi in ipsa mente

Ueberhaupt gelten dem Augustinus die Platoniker mehr als die Bekenner jeder anderen philosophischen Richtung; er bemüht sich angelegentlichst, auseinanderzusetzen, daß die Platoniker sich in ihren physischen, dialectischen und ethischen Lehren vor allen anderen Philosophen auszeichnen¹); er sagt, daß sie die übrigen Philosophen an Ansehen überroffen hätten und der Wahrheit näher ständen, als jene²); und wenn er auch anerkennt, daß Aristoteles ein Mann von ausgezeichnetem Geiste sei, so setzt er doch denselben dem Platon nach³) und macht sonst wenig Aufhebens von seinen Philosophemen⁴).

Wenn Augustinus die Platoniker bloß als der Wahrheit näher Stehende preist, so läßt sich erwarten, er werde aus der Platonischen Philosophie nicht solches aufgenommen und beibehalten haben, was in sein christliches Bewußtsein, das eben der Wahrheit theilhaft war, Trübung hätte bringen können. Zur allgemeinen Rechtfertigung dieser

Creatoris? Non enim extra se quidquam positum intuebatur, ut secundum id constitueret quod constituebat: nam hoc opinari sacrilegum est. Quod si hae rerum omnium creandarum creatarumve rationes in divina mente continentur, neque in divina mente quidquam nisi aeternum atque incommutabile potest esse; atque has rerum rationes principales appellat ideas Plato: non solum sunt ideae, sed ipsae verae sunt, quia aeternae sunt, et ejusmodi atque incommutabiles manent, quarum participatione fit, ut sit quidquid est, quoquo modo est. Sed anima rationalis inter eas res, quae sunt a Deo conditae, omnia superat; et Deo proxima est, quando pura est; eique inquantum caritate cohaeserit, in tantum ab eo lumine illo intelligibili perfusa quodam modo et illustrata cernit, non per corporeos oculos, sed per ipsius sui principale, quo excellit, id est, per intelligentiam suam, istas rationes, quarum visione fit beatissima. Quas rationes, ut dictum est, sive ideas, sive formas, sive species, sive rationes licet vocare, et multis conceditur appellare quod libet, sed paucis simis videre quod verum est. De divers. quaest. octog... trib., quaest. XLVI.

¹) De civit. Dei lib. VIII, cap. 6—8.
²) Ibid. lib. XI, cap. 5.
³) Ibid. VIII, cap. 12.
⁴) Contra Julian. lib. V, cap. 14; Confess. lib. IV, cap. 16. — Durch die retract. lib. I, cap. 1. No. 4: „Laus quoque ipsa, qua Platonem vel Platonicos seu Academicos philosophos tantum extuli, quantum impios homines non oportuit, non immerito mihi displicuit: praesertim quorum contra errores magnos defendenda est Christiana doctrina" will der h. Augustinus allerdings das Lob, welches er früher dem Platon und dessen Anhängern gespendet, in hohem Maße herabgesetzt wissen. Das Ansehen aber, welches die Platoniker bei Augustinus in den jener Retractation vorangehenden Zeiten genossen haben, und unter dessen Einfluß letzterer seine Erkenntnißlehre aufgestellt, konnte doch durch jene Retractation factisch nicht mehr rückgängig gemacht werden; und eben auf dieses Ansehen kommt es hier an. Uebrigens enthält diese Erkenntnißlehre auch nichts, was Augustinus am Abende seines Lebens zurückgenommen, oder welches zurückzunehmen er Grund gehabt hätte.

Erwartung möchte schon obige Stelle de divers. quaest. XLVI ausreichen, da aus derselben gewiß kein für das religiöse Bewußtsein Augustin's ungünstiger Reflex der Platonischen Ideenlehre, welche sowohl in die Erkenntnißlehre als in die Philosophie Platons auf's tiefste eingreift, zu entnehmen ist. Im Interesse unsrer Abhandlung soll aber im Besonderen hervorgehoben werden, daß Augustinus in Betreff des Erkennens des Uebersinnlichen gegen einiges Platonische sich ausdrücklich verwahrt hat. Derselbe weist sowohl die Annahme Platons ab, daß die menschlichen Seelen bereits vor dem gegenwärtigen Leben existirt und in dieser Präexistenz die Ideen geschaut hätten, als die damit in Verbindung stehende, daß unsre dermalige Erkenntniß des Uebersinnlichen nichts andres, als eine Erinnerung an dasjenige sei, dessen die menschliche Seele in ihrer Präexistenz durch die Schauung der Ideen inne geworden [1]). Wir gelangen damit zu dem Resultate, daß Augustinus aus der Erkenntnißlehre Platons als fundamentalen Reinertrag nur die beiden Grundgedanken aufzuweisen hat: durch unsre Sinnesthätigkeit erfassen wir bloß Entstehendes und Vergehendes, d. h. Veränderliches; durch Schauung des Uebersinnlichen, d. h. des unveränderlichen Seienden, gewinnt unser Geist die Erkenntniß des letztern. Wenn aber Augustinus den Neuplatonikern, welche eine durch Emanation bestehende Verbindung zwischen Gott und den Geistern annahmen, darin zustimmt, daß Gott zum Zwecke der Erkenntniß das Licht der Geister sei, so theilt er doch jene Emanationsverbindung nicht mit ihnen, sondern sucht die Erleuchtung der Geister durch Gott im christlichen Sinne zu bestimmen, gemäß welchem von einer Theilnahme an dem göttlichen Lichte, ohne eine solche am göttlichen Wesen, Rede sein kann. Für jene Erleuchtung in concreto findet er Zeugniß in der h. Schrift, welche einerseits den **göttlichen Logos** als das **Licht, welches erleuchtet**

---

[1]) Retract. lib. I, cap. 8, No. 2: In quo libro (sc. de animae quant. cap. 20) illud quod dixi, omnes artes animam secum adtulisse mihi videri: nec aliud quidquam esse id quod discitur (dicitur) discere, quam reminisci ac recordari, non sic accipiendum est, quasi ex hoc approbetur, animam vel hic in alio corpore, vel alibi, sive in corpore, sive extra corpus, aliquando vixisse: et ea quae interrogata respondet, cum hic non didicerit, in alia vita ante didicisse. Ibid. cap. 4, No. 4: Credibilius est enim, propterea vera respondere de quibusdam disciplinis, etiam imperitos earum, quando bene interrogantur, quia praesens est eis, quantum id capere possunt, lumen rationis aeternae, ubi haec immutabilia vera conspiciunt; non quia ea noverant aliquando, et obliti sunt, quod Platoni, vel talibus visum e t.

jeden Menschen, der in diese Welt kommt, bezeichne, und andrerseits zwischen dem Lichte in Johannes und dem Lichte Christi so unterscheide, daß die intellectuelle Seele des Johannes sich nicht das Licht sein könne, sondern nur durch Theilnahme an dem wahren Lichte eines Anderen leuchtend erscheine, desjenigen, für welchen Johannes das Zeugniß: nos omnes de plenitudine ejus accepimus, ablege ¹). Daher ist es Augustinus auch Gott, der Logos, in welchem der menschliche Geist das Wahre schaut ²).

Aus der vorhergehenden Exposition ergibt sich, daß die Augustinische Erkenntnißlehre als **Grundelemente Platonisches und Christ=liches** enthält, und daß diese Elemente in ihr so miteinander verbunden sind, daß das Platonische durch das Christliche gereinigt, veredelt und vervollkommnet erscheint.

Es möchte aber noch die Rücksicht der Vervollkommnung die Beantwortung der Frage: wie Augustinus das Schauen Gottes und des Wahren in Gott **verstehe**, erheischen; denn lehrt Augustinus ein wirkliches Schauen Gottes und des Wahren in Gott **selbst**, dann könnte von einer Vervollkommnung des Platonischen durch Christliches keine Rede sein, weil nach dem klaren Ausspruche der h. Schrift: Deum nemo vidit unquam (Joan. 1, 18.) nicht angenommen werden darf, es sei dem menschlichen Geiste während des gegenwärtigen irdischen Lebens gegeben, Gott selbst zu schauen. Erledigen wir also diese Frage.

Die Schriften Augustins lassen über dessen christliches Verständniß des Schauens Gottes und des Wahren in Gott keinen Zweifel bestehen. In seiner epistola CXLVII gibt Augustinus die Lösung des scheinbaren Widerspruches zwischen jener Stelle Joan. 1, 18 und der anderweitigen Mittheilung der h. Schrift, daß Abraham, Isaak, Jakob, Moses, Michäas, Isaias ꝛc. Gott geschaut haben, gestützt auf eine Erklärung des h Ambrosius, kurz in folgenden Worten: Discretum est quippe quomodo dictum sit, Deum nemo vidit umquam, et quomodo Deum justi antiqui viderint. Sed illud propterea dictum est, quoniam Deus naturā invisibilis est. Illi autem ideo viderunt, quicumque Deum viderunt, quia cui voluerit, sicut voluerit, apparet ea specie, quam voluntas elegerit, etiam latente naturā (cap. 7). Nehmen wir zur Erläuterung aus cap. 9 hinzu: visus enim, sicut ille (Ambrosius)

---

¹) De civit. Dei lib. X, cap. 2.
²) De magist. cap. 11, No. 38; cap. 12, No. 40.

aut, ad utrumque referendus est, id est et ad oculos et ad mentem; so ist aus jenen Worten zu entnehmen, daß es dem h. Augustinus eine ausgemachte Sache war: Gott selbst, seiner Natur nach unsichtbar, werde von dem Menschen hienieden nicht geschaut, weder mit dem leiblichen, noch dem geistigen Auge; geschaut werde Gott nur, insofern er, ohne mit seiner Natur hervorzutreten, unter einer ihm beliebigen Gestalt erscheine und sich kund thue. Diese Deutung findet ihre volle Bestätigung, wenn in cap. 9 gesagt wird: Hujus enim desiderii sui flammam sanctus Moyses fidelis famulus ejus ostendit, ubi ait Deo, cum quo ut amicus facie ad faciem loquebatur, Si inveni gratiam ante te, ostende mihi temetipsum. Quid ergo? Ille non erat ipse? Si non esset ipse, non ei diceret, ostende mihi temetipsum, sed, ostende mihi Deum: et tamen si ejus naturam substantiamque conspiceret, multo minus diceret, ostende mihi temetipsum. Ipse ergo erat in ea specie, qua apparere voluerat; non autem ipse apparebat in natura propria, quam Moyses videre cupiebat. Ea quippe promittitur sanctis in alia vita. Unde quod responsum est Moysi, verum est, quia nemo potest faciem Dei videre et vivere; id est nemo potest eum in hac vita videre vivens sicuti est. Nam multi viderunt, sed quod voluntas elegit, non quod natura formavit. — Somit muß angenommen werden, Augustinus verstehe unter dem Schauen Gottes und des Wahren in Gott nicht ein Schauen Gottes und des Wahren in Gott selbst, sondern ein Schauen des erscheinenden Gottes und des in der Erscheinung Gottes miterscheinenden Wahren des Gegenständlichen, wie denn auch, nach Augustin's eigener Aeußerung, die Beweise der Wissenschaften als wahr erkannt werden sollen, insofern dieselben von ihrer eigenen Sonne, von Gott, in's Licht gesetzt sind [1]). Wenn also Gott bei Anwesenheit wissenschaftlicher Beweise in dem menschlichen Geiste eine Erscheinung bewirkt, welche ihn selbst manifestirt und die Wahrheit jener bekundet, so werden die Beweise von dem Geiste nicht wahrgenommen, ohne daß sie in ihrer Wahrheit und, da diese Wahrheit mit der Erscheinung Gottes verbunden ist, in Gott geschaut werden. Und könnte Moses in der äußeren Erscheinung Gott erkennen, warum sollte denn nicht auch der Geist

---

[1]) Ergo et illa, quae in disciplinis traduntur, quae quisquis intelligit, verissima esse, nulla dubitatione concedit, credendum est ea non posse intelligi, nisi ab alio quasi suo sole illustrentur. Siehe S. 6, Note.

des Menschen in seinen innern Erscheinungen Gott erkennen können? Daher sind die in der klassischen Stelle (Soliloq. lib. I. etc., siehe S. 5—6, Note) vorkommenden Worte: ita in illo secretissimo Deo, quem vis intelligere, tria quaedam sunt, quod est, quod intelligitur, et quod cetera facit intelligi so zu verstehen: obgleich Gott an sich unsichtbar ist, so gibt er sich doch dem menschlichen Geiste in solcher Weise kund, daß in dieser Kundgebung ein Dreifaches zu unterscheiden ist: ein als wahr zu Erkennendes (quod est), eben dieses zu Erkennende in der wirklichen Situation erkannt zu werden (quod intelligitur), und die Erscheinung Gottes, welche das zu Erkennende in jene Situation versetzt (quod cetera facit intelligi). An diesem Dreifachen hält Augustinus als Bedingungen der Erkenntniß des Wahren fest. Dasselbe ist unschwer auch dort zu finden, wo er zu zeigen sucht, wie ein Schüler unter der Anleitung seines Lehrers zur Erkenntniß der Wahrheit gelangt: nam quis tam stulte curiosus est, qui filium suum mittat in scholam, ut quid magister cogitet discat? At istas omnes disciplinas (erstes Requisit: quod est), quas se docere profitentur, ipsiusque virtutis atque sapientiae, cum verbis explicaverint, tum illi qui discipuli vocantur, utrum vera dicta sint, apud semetipsos considerant, interiorem scilicet illam veritatem (drittes Requisit: quod cetera facit intelligi) pro viribus intuentes. Tunc ergo discunt: et cum vera dicta esse intus invenerint (zweites Requisit: quod intelligitur) laudant, nescientes non se doctores potius laudare quam doctos; si tamen et illi quod loquuntur sciunt. Falluntur autem homines, ut eos qui non sunt magistros vocent, quia plerumque inter tempus locutionis et tempus cognitionis nulla mora interponitur; et quoniam post admonitionem sermocinantis cito intus discunt, foris se ab eo, qui admonuit, didicisse arbitrantur (De Magistro cap. 14, No. 45). Wer ist aber der eigentliche Lehrer? Cum vero de iis agitur, quae mente conspicimus, id est, intellectu atque ratione, ea quidem loquimur quae praesentia contuemur in illa interiore luce veritatis qua ipse qui dicitur homo interior, illustratur et fruitur: sed tunc quoque noster auditor, si et ipse illa secreto ac simplici oculo videt, novit quod dico sua contemplatione, non verbis meis. Ergo ne hunc quidem doceo vera dicens, vera intuentem: docetur enim non verbis meis, sed ipsis rebus Deo intus pandente manifestis: itaque de his etiam interrogatus respondere posset (ibid. cap. 12, No. 40). Noch näher wird der eigentliche Lehrer bezeichnet: Ille autem qui consulitur, docet, qui in interiore homine habitare dictus est Christus, id est, incommutabilis Dei Virtus atque sempiterna Sapientia: quam quidem omnis rationalis anima consulit, sed tantum cuique panditur, quantum capere propter propriam, sive malam sive bonam voluntatem potest. Et si quando fallitur, non fit vitio consultae veritatis: ut neque hujus, quae foris est, lucis vitium est quod corporei oculi saepe falluntur: quam lucem de rebus visibilibus consuli fatemur, ut eas nobis quantum cernere valemus ostendat (ibid. cap. 11, No. 38).

Mit Rücksicht auf diese Verständigung und noch anderweitige ergänzende Aeußerungen Augustins glauben wir die Augustinische Erkenntnißlehre in folgende Fassung bringen zu dürfen: Im Erkenntnißleben des Menschen sind zwei Sphären zu unterscheiden: eine untere und eine höhere. Der unteren gehören zwei Schauungen an: die visio corporalis und visio spiritalis. Erstere vollzieht sich durch die Sinne, wenn dieselben mit einem Körperlichen in Berührung kommen, und ist auf dieses Körperliche gerichtet; letztere ist innerlicher, geistiger Natur und geschieht durch die Bilder, welche die Seele in ihr selbst von dem Körper in dem Augenblicke macht, wann der Körper von dem Sinne berührt wird, und ohne welche keine bestimmte Empfindung stattfindet; jene kommt nicht zu Stande, ohne daß zugleich diese eintritt; und man unterscheidet sie erst, wenn sich der Sinn vom Körper abgezogen hat, so daß nun blos im geistigen Innern gefunden wird, was durch den körperlichen Sinn geschaut wurde; dagegen kann die spiritalis visio ohne die visio corporalis eintreten, wenn nämlich die Bilder abwesender Körper im geistigen Innern erscheinen und daraus neue producirt werden; jene steht somit höher, als diese, gleichsam in der Mitte zwischen der visio corporalis und der visio intellectualis, indem sie noch auf die letztere angewiesen ist, um beurtheilt zu werden, während die visio intellectualis jener nicht bedarf [1]). Die beiden Schauungen der unteren Sphäre gelten dem Veränderlichen, die visio intellectualis aber ist Schauung des Unveränderlichen und gehört der höheren Sphäre an. In dieser befindet sich der Geist (mens) als Auge zum Schauen der Wahrheit, der letzteren entgegenblickend als Vernunft (ratio), dieselbe erreichend in der visio, welche die Erkenntniß (intellectus) ist. Die Wahrheit bietet sich aber dem Geiste zur Schauung dar durch Gott, und zwar den Logos, der ihn mit der steten Bereitschaft, das Reich der Wahrheit zu öffnen und zugänglich zu machen, fortwährender

---

[1]) De Genes. ad litt. lib. XII. cap. 24, No. 51.

Anwesenheit würdigt. Sobald sich im Geiste auf eine äußere Veranlassung hin ein Erkenntnißmateriale einstellt, bewirkt der Logos, die Wahrheit an sich, in jenem eine Erscheinung Seiner, in welcher das Wahre des Erkenntnißmateriale miterscheint, in dem sodann das letztere als Wahres erkannt wird. Nach dem Maaße seiner moralischen Würdigkeit vermag der Geist mit der Vernunft das Erkenntnißmateriale als Wahres und zugleich den Logos selbst, so wie sich derselbe mitoffenbart, zu erfassen, zu schauen. Die Erkenntniß ist das Product jener göttlichen Erscheinungen und des zu ihnen hinblickenden Geistes. Die Offenbarung der Wahrheit geschieht auf untrügliche Weise; nur die unsittliche Stimmung des Geistes, welche dessen Empfänglichkeit für das Uebersinnliche herabsetzt, trägt die Schuld, wenn Wahres nicht erkannt wird. Die im bloßen Erkenntnißmateriale beschlossenen Acte sind vorbereitende Bedingungen dazu, daß die Schauung eintreten könne. Jenes Materiale kann nur noch das Erzeugniß entweder des Geistes und desjenigen Gegenstandes, der erkannt werden soll, oder des Geistes allein sein, wenn dieser nämlich sich selbst erkennt. Ein solches Erzeugniß aber gibt es [1]). Die Selbsterkenntniß führt als intima scientia schon Gewißheit und Wahrheit mit sich [2]).

Diese Erkenntnißlehre ist von den zwei Hauptgedanken getragen: der menschliche Geist erkennt das Uebersinnliche, indem er dasselbe schaut; er schaut das Uebersinnliche in Gott, insofern Gott als die Wahrheit erscheint. Wie ist es um die Tragweite dieser erkenntnißtheoretischen Gedanken bestellt? Für uns, die wir am Eingange der geschichtlichen Entwicklung der Philosophie stehen, hat die Beantwortung dieser Frage ein besonderes Interesse. Wenn wir mit betrachtender Reflexion erkennen, so wollen wir über ein vorläufig Erkanntes

---

[1]) Primo itaque manifestum sit, posse fieri, ut sit aliquid scibile, id est, quod scire possit, et tamen nesciatur: illud autem fieri non posse, ut sciatur quod scibile non fuerit. Unde liquido tenendum est, quod omnis res quamcumque cognoscimus, congenerat in nobis notitiam sui. Ab utroque enim notitia paritur, a cognoscente et cognito. Itaque mens cum se ipsam cognoscit, sola parens est notitiae suae: et cognitum enim et cognitor ipsa est. Erat autem sibi ipsa noscibilis, et ante quam se nosset: sed notitia sui non erat in ea, cum se ipsa non noverat. Quod ergo cognoscit se, parem sibi notitiam sui gignit: quia non minus se novit quam est, nec alterius essentiae est notitia ejus, non solum quia ipsa novit, sed etiam quia se ipsam, sicut supra diximus. De Trinit. lib. IX. No. 18.

[2]) Vgl. ibid. lib. XV, No. 21.

ein Verständniß gewinnen. Stellen sich im Verlaufe der Betrachtung bezüglich jenes Erkannten begründete und von Gewißheit begleitete Erkenntnisse ein, so erlangen wir von demselben ein wahres Verständniß, welches die vorläufige Erkenntniß so weit umfaßt, als die Kraft der in Anwendung gebrachten Principien reicht. Hierbei findet allerdings ein Schauen Statt: es werden die begründenden Erkenntnisse, die vorläufige Erkenntniß und die Verbindung dieser mit jenen geschaut, wie wir denn auch rücksichtlich der nun verstandenen Sache sagen, daß wir sie einsehen. Die von Augustinus vorgeführten Erkenntnißvorgänge der wissenschaftlichen Beweise und des Unterrichtetwerdens gehören solcher betrachtenden Reflexion an. Unstreitig ist derartiges Erkennen empirischer Natur. Es muß demnach gesagt werden, daß die Erkenntnißlehre des h. Augustinus in der Darlegung des geistigen Erkennens als solchen Schauens eine empirische Richtung hat. Aber auch die Erkenntnißvorgänge, welche diesem Schauen vorhergehen und dasselbe bedingen, sind empirischer Art, weil sie entweder selbst ein Schauen sind (die visio corporalis), oder unmittelbar aus Schauen herrühren (visio spiritalis), oder aus unmittelbarem Verkehr mit den Dingen selbst (das ursprüngliche Erkennen des Geistes über äußere Dinge und sich selbst) entsprungen sind. Es muß daher die empirische Richtung der Augustinischen Erkenntnißlehre auch noch über diese, von ihr mit empirischem Character bedachten Erkenntnißvorgänge ausgedehnt werden. Sehen wir weiter zu! Unsere innere Erfahrung bestätigt nicht, daß mit dem Schauen der principiellen und gewissen Erkenntnisse das Bewußtsein, in denselben erscheine das specielle urgründliche Uebersinnliche und Gott, verbunden ist. Wohl aber ergibt sich in der Philosophie, wenn dieselbe nämlich von Gott, als dem Sein schlechthin, zu der Creatur, als dem von Gott hervorgebrachten Sein, herabsteigt, die Erkenntniß, daß alles Creatürliche, auch das Erkennen, ein Aehnliches von Gott ist, und daß somit Gott und das ihm angehörige Uebersinnliche im Abbildlichen geschaut werde, wenn die principiellen und gewissen Erkenntnisse geschaut werden. Denn ist Gott das Sein schlechthin, außer welchem es kein anderes Sein, als solches gibt, welches von ihm hervorgebracht wurde, so ist Gott der absolute Maßstab, an welchem alles Existirende, folglich auch das Erkennen, zu bemessen ist. Gott selbst hat keinen anderen Maßstab für Seiendes, als sich selbst, weil er eben das Sein selbst ist. Das von ihm Hervorzubringende muß mithin ihn darstellen, kann aber als Hervorzubringendes und insofern als Nichtgöttliches, nicht ein Gleiches, sondern nur ein Aehnliches von ihm sein. Daraus folgt, daß das natürliche Erkennen Schauen ist, denn eben im Schauen als Erfassen reflectirt sich das mit der Identität des göttlichen Wesens und des göttlichen Erkennens gegebene unmittelbare Innesein; daß im creatürlichen Erkennen ein Wesen erfaßt wird, denn das göttliche Wesen ist es, welches mit dem göttlichen Erkennen identisch und seiner selbst unmittelbar inne ist; daß auch die principiellen Erkenntnisse des creatürlichen Erkennens geschaut werden, denn das göttliche Wesen ist, wegen seiner Identität mit dem Erkennen, durch das Erkennen auch desjenigen unmittelbar inne, was dem Erkennen selbst angehört; weil nun die Erkenntnißprincipien des creatürlichen Erkennens ein Aehnliches von dem im göttlichen Erkennen Enthaltenen sein müssen, so werden dieselben gleichfalls geschaut werden. Da das mit dem Erkennen identische Wesen in Gott es ist, welches seiner auf die unmittelbarste Weise inne ist, so wird auch von der Creatur nur dasjenige Wesen geschaut werden, welches mit ihrem Erkennen identisch ist. In welcher speciellen und mannigfaltigen Weise sich die göttliche Identität des Wesens und Erkennens in der Creatur reflectiren mag —, denn der Creatur, als Nichtgöttlichem, kann nicht die göttliche, sondern nur eine solche Identität zukommen, welche sich zwischen dem außereinander Seienden und somit Verschiedenen vollzieht und im Allgemeinen als Uebereinstimmung des Erkennens mit dem Objecte zu characterisiren ist — immerhin ist es nur ein creatürliches Wesen, mit welchem das creatürliche Erkennen in Identität stehen kann, und welches demnach von der Creatur geschaut wird. Ein Schauen des göttlichen Wesens selbst, wie auch der mit dem göttlichen Wesen identischen Ideen selbst, steht der Creatur nicht zu. Göttliches wird nur, insofern es im Creatürlichen ein Aehnliches seiner darstellt, d. h. in seinem Abbildlichen, von der Creatur geschaut werden können. — Vergleicht man mit diesem Philosophem den zweiten der Hauptgedanken der Augustinischen Erkenntnißlehre: der menschliche Geist schaut das Uebersinnliche in Gott, insofern Gott als die Wahrheit erscheint; so wird man zwischen beiden darum Einklang finden, weil eben die Erscheinung, in welcher Gott als die Wahrheit offenbar wird, ein creatürliches Abbildliches von ihm sein, und somit Gott und das andere Uebersinnliche im Abbildlichen geschaut werden soll. Aber gerade darin bewährt die Erkenntnißlehre Augustins ihren Bezug zu dem letzten, dem speculativen Theile der Philosophie, in welchem die Creatur durch ihre Ableitung aus Gott als das Aehnliche Gottes hervortritt; und nach dieser Seite hat jene Erkenntnißlehre eine speculative Richtung. Wir werden daher sagen müssen: in jenen beiden Grundgedanken ist die Erkenntnißlehre des h. Augustinus wohl geeignet, einen hoffnungsvollen Keim für die Philosophie der Zukunft abzugeben; denn bei ihrer eigenen Wahrheit stellt die Fortbildung ihrer empirischen Richtung die Auffindung der Principien für die Philosophie in ihrem Aufsteigen von der Creatur zu Gott, — und ihre speculative Richtung die wahre Grundlage für die Philosophie in ihrem Herniedersteigen von Gott zu der Creatur in Aussicht. Deßhalb aber, weil sie in dieser Qualität zugleich das Wahre der Platonischen Erkenntnißlehre mit einer theoretischen Energie und Tiefe, wie bei Keinem der früheren platonisirenden Kirchenlehrern zu finden ist, mit sich führt, muß sie als diejenige, welche zuerst das lebenskräftige Band zwischen der Philosophie des Alterthums und der zukünftigen Zeit knüpfte, begrüßt werden.

2. Unsre Prüfung der Augustinischen Erkenntnißlehre hat an letzrer zwei grundzügliche Richtungen, eine empirische und eine speculative, herausgestellt. Der Verfolg solcher Richtungen an der Erkenntnißlehre des h. Thomas von Aquin macht die Auffindung der Elemente der Thomistischen Erkenntnißlehre leicht. Eine empirische Richtung erscheint dort, wo Thomas vom Aristotelischen Standpunkte aus das Erkennen des Uebersinnlichen bespricht. Thomas theilt die Ansicht des Aristoteles, daß die Erkenntniß des Uebersinnlichen mit der Sinnesthätigkeit anhebe. Er unterscheidet mit Aristoteles, der hierin mit Platon übereinstimme, den Intellect von dem Sinne, und stellt sich in der näheren Bestimmung der Thätigkeiten beider Vermögen, bei welcher Aristoteles von Platon abweiche, auf die Seite des Ersteren. Dem Sinne nämlich schreibe Platon, dem Augustinus zu folgen scheine, wie dem Intellecte eine eigne Wirksamkeit zu, indem das Organ des Sinnes wohl von dem sinnfälligen Dinge verändert werde, nicht aber der Sinn selbst, der eine geistige Kraft sei und durch die Veränderung des Organs blos angeregt werde, selbst in sich das Bild des Sinnfälligen zu bereiten. Es erscheine dagegen die Behauptung des Aristoteles: der Sinn habe ohne Gemeinschaft mit dem Leibe keine eigene Wirksamkeit, auch die einbildende Kraft sei nur mit dem Organe thätig, so daß die erste Veränderung der letzteren durch den Sinn auf

die Einwirkung des Sinnfälligen zurückweise, nicht unangemessen. Sowohl dem Aristoteles, als dem Platon sei der Intellect eine immaterielle Kraft, welche sich keines körperlichen Organes zu ihrer Thätigkeit bediene und vom Körperlichen keinen Eindruck erleiden könne. Platon sehe sich deswegen veranlaßt, das Entstehen der intellectuellen Erkenntniß aus der Theilnahme des Intellects an den für sich bestehenden intelligiblen Formen zu erklären; während Aristoteles zu diesem Zwecke sich zunächst an die vorhandenen Eindrücke der sinnfälligen Dinge halte, aber weiterhin einen thätigen Intellect (intellectus agens) annehme, der mittelst des Abstrahirens die Bilder der Einbildungskraft der sinnfälligen Individualität entkleide und dadurch eine Erscheinung herbeiführe, welche den intellectus possibilis, d. h. den zum wirklichen Erkennen bestimmten, aber bis dahin noch in der bloßen Potenz zum Erkennen befindlichen Intellect, zum actuellen Erkennen des Wesens der Dinge vermöge. Demgemäß bewirke die Sinnesthätigkeit an sich die intellectuelle Erkenntniß nicht; die bewirkende Ursache sei vielmehr der intellectus agens; aber die Sinnesthätigkeit liefere doch letztrer die Materie [1]). Eingehender verbreitet sich Thomas über den intellectus

---

[1]) Sed contra est quod Philosophus probat in 1 Metaph., cap. 1, et in fine Poster., lib. 2, text. 27, quod principium nostrae cognitionis est a sensu... Respondeo dicendum.... Plato vero e contrario posuit intellectum differre a sensu, et intellectum quidem esse virtutem immaterialem organo corporeo non utentem in suo actu. Et quia incorporeum non potest immutari a corporeo, posuit quod cognitio intellectualis non fit per immutationem intellectus a sensibilibus, sed per participationem formarum intelligibilium separatarum, ut dictum est art. 4 et 5. praeced. Sensum etiam posuit virtutem quamdam per se operantem. Unde nec ipse sensus, cum sit quaedam vis spiritualis, immutatur a sensibilibus; sed organa sensuum a sensibilibus immutantur; ex qua immutatione anima quodam modo excitatur, ut in se species sensibilium formet. Et hanc opinionem tangere videtur Augustinus, 12 super Gen. ad litt., c. 24, in medio... Aristoteles autem mediā viā processit. Posuit enim, 2 de Animā, text. 152, cum Platone, intellectum differre a sensu. Sed sensum posuit propriam operationem non habere sine communicatione corporis, ita quod sentire non sit actus animae tantum, sed conjuncti. Et similiter posuit de omnibus operationibus sensitivae partis. Quia igitur non est inconveniens quod sensibilia, quae sunt extra animam, causent aliquid in conjunctum...; intellectum vero posuit Aristoteles, 3 de Anima, text. 12, habere operationem absque communicatione corporis. Nihil autem corporeum imprimere potest in rem incorpoream. Et ideo ad causandam intellectualem operationem secundum Aristotelem non sufficit sola impressio sensibilium corporum, sed requiritur aliquid nobilius; quia agens est honorabilius patiente, ut ipse dicit, lib 3 de Anima, text. 19; non tamen ita quod intellectualis operatio causetur in nobis ex sola impressione aliquarum rerum superiorum, ut Plato posuit; sed illud superius

agens qu. 79, art. 3 et 4; wir entnehmen dieser Stelle zu unserm Zwecke Folgendes: Nach Aristoteles, sagt Thomas daselbst, verhält es sich mit den Formen der Naturdinge anders, als Platon gelehrt hat: nicht existiren diese Formen (species sive ideae) für sich ohne Materie, so daß sie als immaterielle auch deßhalb schon wirklich erkennbar sind; sondern dieselben befinden sich im Materiellen und sind in diesem Zustande nicht schon wirklich erkennbar; sollen sie erst wirklich erkennbar werden, so muß ein zu diesem Zwecke Wirkendes eingreifen; das vermag aber der in bloßer Potenz existirende Intellect nicht; es muß somit noch eine andere intellectuelle, und zwar active Kraft vorhanden sein, welche die Formen der sinnfälligen Dinge von der materiellen Zuthat reinigt, d. h. abstrahirt und dadurch zur wirklichen Erkennbarkeit erhebt; diese active Kraft ist der intellectus agens; der ursprünglich potentielle Intellect ist der intellectus possibilis. Ferner wissen wir aus Erfahrung, daß wir es sind, welche die Abstraction vornehmen; es kommt aber Wirken einer Sache nur zu, wenn dieser ein dem Wirken entsprechendes Princip inwohnt; der active Intellect muß daher eine Kraft unsrer Seele sein; Aristoteles hält ihn auch für etwas der Seele Angehöriges und vergleicht ihn mit dem Lichte, welches sich in der Luft vorfinde. — Die Erscheinung, welche der active Intellect durch seine abstrahirende Thätigkeit an dem intellectus possibilis hervorruft, in Folge deren letztrer in's actuelle Erkennen des Wesens der sinnfälligen Dinge übergeht und welche species intelligibilis heißt, ist ein Abbild von der Natur der Species dieser Dinge[1]). — Damit aber, daß der potentielle Intellect eine species intelligibilis erhält, sehen Thomas und

---

et nobilius agens, quod vocat intellectum agentem, de quo jam supra diximus, qu. 79, art. 3 et 4, facit phantasmata a sensibus accepta intelligibilia in actu per modum abstractionis cujusdam. — Secundum hoc ergo ex parte phantasmatum intellectualis operatio a sensu causatur. Sed quia phantasmata non sufficiunt immutare intellectum possibilem, sed oportet quod fiant intelligibilia actu per intellectum agentem; non potest dici quod sensibilis cognitio sit totalis et perfecta causa intellectualis cognitionis, sed magis quodam modo est materia causae. Summa theol. Par. I, qu. 84, art. 6, resp ..

[1]) Sed virtute intellectus agentis resultat quaedam similitudo in intellectu possibili ex conversione intellectus agentis supra phantasmata, quae quidem est repraesentativa eorum quorum sunt phantasmata, solum quantum ad naturam speciei. Et per hunc modum dicitur abstrahi species intelligibilis a phantasmatibus, non quod aliqua eadem numero forma, quae prius fuit in phantasmatibus, postmodum fiat in intellectu possibili, ad modum quo corpus accipitur ab uno loco, et transfertur ad alterum. Ibid. qu. 85, art. 1, ad 3um.

Aristoteles noch nicht alles zum actuellen Erkennen Erforderliche geleistet; es ist auch noch nothwendig, daß der Intellect den Bildern der Einbildungskraft zugewendet bleibe. Die Erfahrung lehre, theils daß der Mensch nicht nur zu einem neuen Erkenntnißacte nicht vorbringe, sondern auch daß er selbst zum actuellen Erkennen dessen, von welchem er bereits eine Erkenntniß gewonnen hatte, nicht zurückkehre, wenn er sich der Einbildungskraft, wegen Verletzung des derselben zustehenden Organs, nicht bedienen könne; theils daß wir uns zum Zwecke eigenen Erkennens immer irgend Phantasiebilder nach Art der Beispiele, in welchen man das zu Erkennende gleichsam erschaue, machen und, wenn wir einem Anderen eine Erkenntniß beibringen wollen, diesem Beispiele vorhalten, damit er sich aus denselben zum Erkennen hinleitende Bilder verschaffe. Der Grund dafür sei darin zu suchen, daß das erkennende Vermögen dem zu erkennenden Gegenstande entspreche. Der mit einem Körper verbundene menschliche Intellect habe eine im Materiellen existirende Wesenheit zum eigenthümlichen Objecte; und diese hinwieder könne nur dann erst ihrer Natur gemäß vollendet und wahrhaft erkannt werden, wenn sie, wie sie in der Einzelheit existire, erkannt werde; das Einzelne aber erfassen wir durch den Sinn und die Einbildungskraft; deshalb sei es für den actuell erkennenden Intellect nothwendig, den Phantasiebildern zugewendet zu sein, um die allgemeine Natur im Einzelnen existirend zu erschauen [1]). — Das

---

[1]) Sed contra est quod Philosophus dicit in 3 de Anima text. 30, quod nihil sine phantasmate intelligit anima. Respondeo dicendum quod impossibile est intellectum nostrum secundum praesentis vitae statum quo passibili corpori conjungitur, aliquid intelligere in actu, nisi convertendo se ad phantasmata. Et hoc duobus indiciis apparet. Primo quidem quia, cum intellectus sit vis quaedam non utens corporali organo, nullo modo impediretur in suo actu per laesionem alicujus corporalis organi; si non requiretur ad ejus actum actus alicujus potentiae utentis organo corporali. Utuntur autem organo corporali sensus et imaginatio, et aliae vires pertinentes ad partem sensitivam. Unde manifestum est quod ad hoc quod intellectus actu intelligat, non solum accipiendo scientiam de novo, sed etiam utendo scientia jam acquisita, requiritur actus imaginationis et caeterarum virtutum. Videmus enim quod impedito actu virtutis imaginativae per laesionem organi, ut in phreneticis, et similiter impedito actu memorativae virtutis, ut in lethargicis, impeditur homo ab intelligendo in actu etiam ea quorum scientiam praeaccepit. Secundo quia hoc quilibet in se ipso experiri potest, quod quando aliquis conatur aliquid intelligere, format sibi aliqua phantasmata per modum exemplorum, in quibus quasi inspiciat quod intelligere studet. Et inde est etiam quod quando aliquem volumus facere aliquid intelligere, proponimus ei exempla ex quibus sibi phantasmata

actuelle Erkennen geht nun in folgender Weise vor sich. Der von der species intelligibilis informirte Intellect bringt, bei dem Hingewendetsein des intell. agens zu den Bildern der Einbildungskraft, eine jener species entsprechende Erkenntniß, also eine Wesenerkenntniß (einen Begriff) hervor, welche, als Ausdruck der species intellig. ebenso wie diese ein Aehnliches von dem Wesen des äußern Dinges ist, ein Bild, in welchem der Intellect dieses Wesen erkennt [1]), und welches Thomas als indivisibile, weil als Erkenntniß Eines Wesens, das als solches ein ungetheiltes ist, betrachtet. Der von Thomas im Einverständnisse mit Aristoteles angegebene Act, durch welchen die Wesenerkenntniß zu Stande kommt, wird

formare possit ad intelligendum. Hujus autem ratio est quia potentia cognoscitiva proportionatur cognoscibili. Unde intellectus Angeli qui est totaliter a corpore separatus, objectum proprium est substantia intelligibilis a corpore separata; et per hujusmodi intelligibile materialia cognoscit. Intellectus autem humani, qui est conjunctus corpori, proprium objectum est quidditas sive natura in materia corporali existens; et per hujusmodi naturas visibilium rerum, etiam in invisibilium rerum aliqualem cognitionem ascendit. De ratione autem hujus naturae est quod in aliquo individuo existat, quod non est absque materia corporali; sicut de ratione naturae lapidis est quod sit in hoc lapide, et de ratione naturae equi est quod sit in hoc equo, et sic de aliis. Unde natura lapidis, vel cujuscunque materialis rei, cognosci non potest complete et vere, nisi secundum quod cognoscitur ut in particulari existens. Particulare autem apprehendimus per sensum et imaginationem: et ideo necesse est ad hoc quod intellectus actu intelligat suum objectum proprium, quod convertat se ad phantasmata, ut speculetur naturam universalem in particulari existentem. Si autem proprium objectum intellectus nostri esset forma separata, vel si formae rerum sensibilium subsisterent non in particularibus, secundum Platonicos, non oporteret quod intellectus noster semper intelligendo converteret se ad phantasmata. Ibid. qu. 84, art. 7, resp...

[1]) Ulterius autem considerandum est quod intellectus per speciem rei formatus intelligendo format in seipso quamdam intentionem rei intellectae, quae est ratio ipsius, quam significat diffinitio. Et hoc quidem necessarium est, eo quod intellectus intelligit indifferenter rem absentem et praesentem; in quo cum intellectu imaginatio convenit. Sed intellectus hoc amplius habet, quod etiam intelligit rem ut separatam a conditionibus materialibus, sine quibus in rerum natura non existit; et hoc non posset esse, nisi intellectus intentionem sibi praedictam formaret. Haec autem intentio intellecta, quum sit quasi terminus intelligibilis operationis, est aliud a specie intelligibili, quae facit intellectum in actu, quam oportet considerari ut intelligibilis operationis principium, licet utrumque sit rei intellectae similitudo. Per hoc enim, quod species intelligibilis, quae est forma intellectus et intelligendi principium, est similitudo rei exterioris, sequitur quod intellectus intentionem formet illi rei similem; quia quale est unumquodque, talia operatur. Et ex hoc quod intentio intellecta est similis alicui rei, sequitur quod intellectus, formando hujusmodi intentionem, rem illam intelligat. Sum. c. gent. lib. I, cap. 53.

intelligentia indivisibilium genannt¹). Das in der Wesenerkenntniß gedachte Sein ist nun zwar mit dem Sein des Naturdinges identisch, aber in dieser Qualität nicht miterkannt. Die noch mangelnde Erkenntniß solcher Identität wird eingeleitet, indem, unter dem fortdauernden Zugewendetsein des intellectus agens zu den Bildern der Einbildungskraft und dem beständigen Einflusse desselben auf den intellectus possibilis²), das gedachte Sein in seiner Bedeutung als Wirklichen, von welchem das Nichtsein ausgeschlossen ist, erkannt, und das evidente und gewisse Urtheil: dasselbe kann nicht zugleich sein und nicht sein, gebildet wird³). Dieses erste Urtheil hat den Character principieller Erkenntniß; denn in unmittelbarer Folge desselben wird das im Begriffe gedachte Wesen auf das äußere Ding zurückbezogen und ein neues Urtheil gebildet, in welchem das actuelle Erkennen zum Abschlusse gelangt und mit Gewißheit die Uebereinstimmung jenes Wesens mit diesem Naturdinge ausgesprochen ist, etwa das Urtheil: Sokrates ist Mensch, wenn der Begriff des Wesens der von „Mensch" und „Sokrates" das Einzelding ist⁴). Auch den Act dieses Urtheilens erkennt Aristoteles an⁵). Die gewisse

---

¹) Est autem duplex operatio intellectus secundum Philosophum in 3. de Anima... Una quidem quae vocatur indivisibilium intelligentia, per quam intellectus format in se ipso diffinitionem, vel conceptum alicujus incomplexi.

²) Et sic etiam in lumine intellectus agentis nobis est quodammodo omnis scientia originaliter indita mediantibus universalibus conceptionibus, quae statim lumine intellectus agentis cognoscuntur per quas sicut per universalia principia judicamus de aliis et ea praecognoscimus in ipsis. Quaest. de veritate disput., qu. 10, art. 6.

³) Nam illud quod primo cadit sub apprehensione, est ens, cujus intellectus includitur in omnibus, quaecunque quis apprehendit. Et ideo primum principium indemonstrabile est, quod non est simul affirmare et negare, quod fundatur supra rationem entis et non entis; et super hoc principio omnia alia fundantur, ut dicit Philosophus in 4. Metaph. text. 9 et sq.... Sum. theol. 12ᵃᵉ qu. 94, art. 2, resp...

⁴) Indirecte autem, et quasi per quamdam reflexionem, potest (sc. intellectus) cognoscere singulare, quia, sicut supra dictum est, qu. 84, art. 7, etiam postquam species intelligibiles abstraxerit, non potest secundum eas actu intelligere, nisi convertendo se ad phantasmata, in quibus species intelligibiles intelligit, ut dicitur in 3. de Anima, text. 32. Sic igitur ipsum universale per speciem intelligibilem directe intelligit, indirecte autem singularia, quorum sunt phantasmata. Et hoc modo format hanc propositionem: Socrates est homo. Ibid. I, qu 86, art. 1, resp...

⁵) Est autem duplex operatio intellectus secundum Philosophum in 3. de Anima (text. commu. 21). Una quidem quae vocatur indivisibilium intelligentia, per quam intellectus format in se ipso diffinitionem, vel conceptum

Erkenntniß von der Uebereinstimmung des Begriffes mit dem Gegenstande macht die Wahrheit im Erkennen aus; nur im Urtheil ist diese Erkenntniß endgültig ausgesprochen, darum nur in ihm und nicht in dem vorhergehenden Terminus der intelligentia indivisibilium die Wahrheit zu suchen, obgleich letzterer in sich ein wahrer ist¹). Ist aber das im Begriffe gedachte Wesen mit Gewißheit als übereinstimmend mit dem Naturdinge erkannt, dann hört dasselbe auf, ein bloß abstractes zu sein; es besteht nun als ein concretes, ein individuelles Wesen, weil in Verbindung mit den sinnfälligen Eigenthümlichkeiten des Einzeldinges. — Die Ansicht des Aristoteles, der menschliche Intellect habe eine natürliche Richtung auf die Natur der materiellen Dinge, hält Thomas für erfahrungsmäßiger, als die Platonische, der zufolge immaterielle Substanzen das eigenthümliche Object unseres Intellects seien, und gibt darum jener den Vorzug vor dieser. Es ist ihm nun auch die Wahrheit einleuchtend, daß immaterielle Substanzen nicht zuerst und an sich von uns erkannt werden können ²). Ja

alicujus incomplexi. Alia autem operatio est intellectus componentis, et dividentis, secundum quam format enuntiationem. Quodl. V, art. 9.

¹) Sed contra est quod dicit Philosophus in 6. Metaph., text. 8, quod circa simplicia, et quodquid est, non est veritas nec in intellectu, neque in rebus. — Respondeo dicendum quod verum, sicut dictum est art. prae., secundum sui primam rationem est in intellectu. Cum autem omnis res sit vera secundum quod habet propriam formam naturae suae, necesse est quod intellectus, in quantum est cognoscens, sit verus, in quantum habet similitudinem rei cognitae, quae est forma ejus, in quantum est cognoscens; et propter hoc per conformitatem intellectus et rei veritas definitur; unde conformitatem istam cognoscere, est cognoscere veritatem. Hanc autem nullo modo sensus cognoscit. Licet enim visus habet similitudinem visibilis, non tamen cognoscit comparationem quae est inter rem visam et id quod ipse apprehendit de ea. Intellectus autem conformitatem sui ad rem intelligibilem cognoscere potest; sed tamen non apprehendit eam, secundum quod cognoscit de aliquo quod quid est. Sed quando judicat rem ita se habere sicut est forma quam de re apprehendit, tunc primo cognoscit, et dicit verum; et hoc facit componendo, et dividendo. Nam in omni propositione, aliquam formam significatam per praedicatum, vel applicat alicui rei significatae per subjectum, vel removet ab ea; et ideo bene invenitur quod sensus est verus de aliqua re, vel intellectus cognoscendo quod quid est; sed non quod cognoscat, aut dicat verum. Et similiter est de vocibus incomplexis. Veritas igitur potest esse in sensu, vel in intellectu cognoscente quod quid est, ut in quadam re vera, non autem ut cognitum in cognoscente; quod importat nomen veri. Perfectio enim intellectus est verum ut cognitum. Et ideo, proprie loquendo, veritas est in intellectu componente et dividente, non autem in sensu, neque in intellectu cognoscente quod quid est. Sum. theol. I, qu. 16, art. 2, resp...

²) Sed secundum Aristotelis sententiam, quam magis experimur, intel-

die menschliche Seele soll sich selbst unmittelbar nicht erfassen, sondern nur dadurch, daß sie Anderes erfaßt, zur Erkenntniß ihrer selbst gelangen ¹). Es sei wahr, was Aristoteles sage: weil wir wahrnehmen, daß wir erkennen und empfinden, erkennen wir, daß wir existiren. Das der Selbsterkenntniß vorhergehende Erkennen sei aber Erkennen eines Etwas, und so werde die Seele zur Erfassung ihrer selbst dadurch geführt, daß sie Anderes erkenne und empfinde. Zur Erkenntniß ihrer Existenz und dessen, was in ihr vorgehe, bedürfe die Seele weiter nichts, als der Gegenwart ihrer Wesenheit; denn aus dieser gehen die Acte, in welchen sie selbst actuell erfaßt werde, hervor ²). Das Erkennen, welches der Selbstfassung der Seele vorhergeht, ist das auf die materielle Wesenheit gerichtete ³). Wir werden im Sinne des h. Thomas verfahren, wenn wir annehmen, die Seele werde vor dem Eintritte der betrachtenden Reflexion, bald nach dem Erkennen der Natur eines materiellen Dinges, in's Erkennen ihrer

---

lectus noster secundum statum praesentis vitae naturalem respectum habet ad naturas rerum materialium; unde nihil intelligit nisi convertendo se ad phantasmata, ut ex dictis patet, qu. 84, art. 7. Et sic manifestum est quod substantias immateriales, quae sub sensu et imaginatione non cadunt, primo et per se secundum modum cognitionis nobis expertum intelligere non possumus. Ibid. qu. 88, art. 1, resp...

¹) Unde mens nostra non potest se ipsam intelligere, ita quod se ipsam immediate apprehendat; sed ex hoc quod apprehendit alia, devenit in suam cognitionem. Quaest. de Veritate disput. qu. 10, art. 8, resp...

²) In hoc enim aliquis percipit se animam habere, et vivere et esse, quod percipit se sentire, et intelligere, et alia hujusmodi vitae opera exercere: unde dicit Philosophus in IX Ethic. (cap. IX inter princ. et med.) Sentimus autem quoniam sentimus; et intelligimus, quoniam intelligimus: et quia hoc sentimus, intelligimus quoniam sumus. Nullus autem percipit se intelligere, nisi ex hoc quod aliquid intelligit, quia prius est intelligere aliquid, quam intelligere se intelligere: et ideo pervenit anima ad actualiter percipiendum se esse per illud quod intelligit vel sentit... Ad hoc autem quod percipiat anima se esse, et quid in se ipsa agatur, attendat, non requiritur aliquis habitus, sed ad hoc sufficit sola essentia animae, quae menti est praesens: ex ea enim actus progrediuntur, in quibus actualiter ipsa percipitur. Ibid...

³) Est autem alius intellectus, scilicet humanus, qui nec est suum intelligere, nec sui intelligere est objectum primum ipsa ejus essentia, sed aliquid extrinsecum, scilicet natura materialis rei. Et ideo id quod primo cognoscitur ab intellectu humano, est hujusmodi objectum; et secundario cognoscitur ipse actus, quo cognoscitur objectum; et per actum cognoscitur ipse intellectus, cujus est perfectio ipsum intelligere. Et ideo Philosophus dicit lib. 2 de Anima, text. 33, quod objecta praecognoscuntur actibus, et actus potentiis. Sum. theol. I, qu. 87, art. 3, resp...

selbst eingehen; denn andere Requisite, als das Vorhandensein jenes Naturerkennens und der Gegenwart der eigenen Wesenheit der Seele stellt Thomas nicht auf; und ein auf sich Zurückbeugen ist dieser Wesenheit ebensowohl mit, als ohne Betrachtung natürlich, nachdem die Seele des Actes, durch welchen sie ein äußeres Object erkannte, innegeworden ist, ein Innewerden, welches ebenfalls mit Nothwendigkeit dem Erkennen (des Naturdinges) folgt. Schlechtweg sagt Aristoteles: sentimus quoniam sentimus, et intelligimus quoniam intelligimus; und das natürliche Ergebniß davon ist ihm die Selbsterkenntniß: et quia hoc sentimus, intelligimus quoniam sumus. Ist so die Selbsterkenntniß der Seele von der Erkenntniß, welche der Intellect zuerst von der Naturwesenheit erlangt hat, abhängig; dann erklärt sich, warum Thomas so wenig als Aristoteles Anstand nimmt, dem menschlichen Intellect als eigenthümliches Object die Naturwesenheit zuzusprechen. — Kehren wir zur Betrachtung des Intellects in seiner Relation zu den äußeren Dingen zurück! In dem Ausspruche des Aristoteles: sunt primo nobis manifesta et certa confusa magis; posterius autem cognoscimus distinguendo principia et elementa findet Thomas Anhalt, die Terminen der frühesten Urtheile gewissermaßen confuse (unbestimmte), und die der späteren distincte (bestimmte) zu nennen. Etwas, in welchem Mehres enthalten ist, erkennen ohne genaue Kenntniß von Allem, was in demselben vorkommt, heißt bei Thomas cognoscere aliquid sub confusione quadam; so werde jedes Ganze erkannt, dessen Theile nicht erkannt würden. Die distincte Erkenntniß dagegen umfaßt das im Ganzen enthaltene Einzelne, jedoch so, daß sie von dem mehr Allgemeinen zu dem minder Allgemeinen fortschreitet, so wie man animal distinct erkennt, insofern man es als animal und dann als rationale oder irrationale erkennt. Dieselbe Ordnung des Ueberganges vom mehr Allgemeinen zum weniger Allgemeinen trifft Thomas auch bei dem sinnlichen Erkennen an, bezüglich der Rücksichten des Ortes und der Zeit: nach dem Orte, wie man aus der Ferne Etwas zuerst als Körper und dann als Lebendes, zuerst als Lebendes und dann als Mensch, zuerst als Mensch und dann als Sokrates erfasse; nach der Zeit, weil das Kind von Anfang früher den Menschen von dem, was nicht Mensch ist, als diesen Menschen von einem anderen Menschen unterscheide; weshalb denn auch die Kinder anfangs alle Leute Vater nannten und später erst jeden Einzelnen für sich bezeichneten¹).

¹) Ibid. qu. 85, art. 3, resp...

Das Wesen, welches nach solcher Ordnung zuerst erfaßt wird und darum das Allgemeinste ist, erblickt Thomas im Sein, dessen Erkenntniß in allen anderen Erkenntnissen eingeschlossen sei [1]). Ist aber der Intellect zu dem untersten Allgemeinen hinabgestiegen, indem es der Sinn zugleich zu den individuellen Scheidungen gebracht hat, dann bleibt ihm die distincte Erkenntniß des Wesens der äußeren Dinge nicht mehr vorenthalten; ja er vermag sogar, entsprechend den individuellen Sinnesbestimmungen, die Eigenthümlichkeiten, Accidenzen und Beziehungen des Wesens zu erfassen, und deshalb Urtheile zu bilden, in welchen er dieses zu jenen in Relation bringt, so daß er, obwohl noch unwillkürlich, eine immer vollkommenere Erkenntniß des Seins gewinnt und damit schon Vorbereitungen trifft, um dereinst schließend von einem Urtheile zu einem anderen hinzuschreiten [2]). Damit aber führen jene Urtheile eine vollkommenere Erkenntniß des Seins mit sich, daß sie die verschiedenen Weisen, in welchen das Sein dazusein vermag [3]), ausdrücken und als Aussagen (κατηγορίαι) von dem Sein enthalten sollen. Aristoteles nennt zehn solche Kategorien, wenn er sagt: τῶν κατὰ μηδεμίαν συμπλοκὴν λεγομένων, ἕκαστον ἤτοι

---

[1]) Ibid. 12^{dae} qu. 94, art. 2, resp...

[2]) Cum enim intellectus humanus exeat de potentia in actum, similitudinem quamdam habet cum rebus generalibus, quae non statim perfectionem suam habent, sed eam successive acquirunt. Et similiter intellectus humanus non statim in prima apprehensione capit perfectam rei cognitionem; sed primo apprehendit aliquid de ipsa, puta quidditatem ipsius rei, quae est primum et proprium objectum intellectus: et deinde intelligit proprietates et accidentia, et habitudines circumstantes rei essentiam. Et secundum hoc necesse habet unum apprehensum alii componere, et dividere, et ex una compositione et divisione ad aliam procedere: quod est ratiocinari. Ibid. I, qu. 85, art. 4, resp...

[3]) Illud autem quod primo intellectus concipit quasi notissimum, et in quo omnes conceptiones resolvit, est ens, ut Avicenna dicit in principio Metaphysicae suae (lib. 1, cap. 9). Unde oportet quod omnes aliae conceptiones intellectus accipiantur ex additione ad ens. Sed enti non potest addi aliquid quasi extranea natura, per modum quo differentia additur generi, vel accidens subjecto: quia quaelibet natura essentialiter est ens: unde etiam probat Philosophus in III Metaphys. (com. X.) quod ens non potest esse genus; sed secundum hoc aliqua dicuntur addere supra ens, inquantum exprimunt ipsius modum, qui nomine ipsius entis non exprimitur. Quod dupliciter contingit. Uno modo ut modus expressus sit aliquis specialis modus entis: sunt enim diversi gradus entitatis, secundum quos accipiuntur diversi modi essendi, et juxta hos modos accipiuntur diversa rerum genera: substantia enim non addit supra ens aliquam differentiam, quae significet aliquam naturam superadditam enti; sed nomine substantiae exprimitur quidam specialis modus essendi, scilicet per se ens; et ita est in aliis generibus. Qu. 1. de verit. art. 1, resp..

οὐσίαν σημαίνει ἢ ποσὸν ἢ ποιὸν ἢ πρός τι ἢ ποῦ ἢ ποτὲ ἢ κεῖσθαι ἢ ἔχειν ἢ ποιεῖν ἢ πάσχειν ¹). Thomas hat diese Kategorien einer naturgemäßen Ableitung unterzogen ²). Dieselben entstehen wie der Begriff des Seins durch die abstrahirende Thätigkeit des intellectus agens aus den Bildern der Einbildungskraft und haben mit gleicher Nothwendigkeit entsprechende principielle Erkenntnisse im Gefolge, wie z. B. die Kategorie des Wirkens das Princip: keine Wirkung ohne Ursache, die Kategorie der Größe das Princip: das Ganze ist größer als der Theil ³). Diese principiellen Urtheile gehen den Urtheilen, in welchen das Wesen zu seinen Eigenthümlichkeiten, Accidenzen und Beziehungen in Relation gesetzt wird, vorher, rufen dieselben hervor und sind eben darum deren Principien. Solche begründete Urtheile tragen das Zeichen der Identität zwischen Subject und dem von ihm Ausgesagten ⁴).

Die Erfassung der Relationen des Seins vervollkommnet das Erkennen und erweitert dem Intellecte das Gebiet des Uebersinnlichen. Das Erkennen vollendet sich aber erst durch die freie Reflexion, welche zugleich den Intellect bis zum höchsten Uebersinnlichen hinaufführt. Der betrachtend reflectirende und aus den bereits erworbenen Seinserkenntnissen neue Wahrheiten herleitende Intellect heißt ratio ⁵),

---

¹) Categ. 4, p. 1, b. 25.
²) In XII libros. Metaph. Arist. lib. V. lect. 9, p. 3. Cfr. Fr. Brentano „Von der mannigfachen Bedeutung des Seienden nach Aristoteles, S. 181—182.
³) ... ex ipsa enim natura animae intellectualis convenit homini, quod statim cognito quid est totum, et quid est pars, cognoscat quod omne totum est majus sua parte; et simile est in caeteris. Sed quid sit totum et quid sit pars cognoscere non potest nisi per species intelligibiles a phantasmatibus acceptas. Et propter hoc Philosophus in fine Posteriorum, text. ult., circ. med., ostendit, quod cognitio principiorum provenit nobis ex sensu. Sum theol. 12ᵃᵉ qu. 51, art. 1...
⁴) Secunda vero compositio est accidentis ad subjectum; et huic reali compositioni respondet compositio intellectus, secundum quam praedicatur accidens de subjecto, ut cum dicitur: homo est albus. Tamen differt compositio intellectus a compositione rei; nam ea quae componuntur in re, sunt diversa; compositio autem intellectus est signum identitatis eorum, quae componuntur. Non enim intellectus sic componit, ut dicat quod homo est albedo; sed dicit quod homo est albus, id est, habens albedinem. Ibid. I. qu. 85, art. 5, ad 3ᵘᵐ.
⁵) Intellectus autem a ratione differre non potest; quod patet, si eorum actus diligenter consideretur. Intelligere est veritatem simplici intuitu considerare. Ratiocinari autem est de uno intellecto ad aliud procedere ad veritatem intelligibilem cognoscendam; unde ratio incipit semper ab intellectu et ad intellectum terminatur. Unde patet, quod ratiocinari et intelligere differunt,

die reflexe Erkenntnißweise intentio secunda ¹). Wendet sich der Intellect zum Behufe genauer Erwägung den Begriffen zu, so wird er derselben, wie auch der übrigen innern Erscheinungen, durch unmittelbare Intuition habhaft. Die Erwägung selbst jedoch verfährt zuerst analytisch, indem sie von dem Zusammengesetzten zu dem Einfachen übergeht. Im Begriffe entdeckt der Intellect ein Zweifaches: ein Unbestimmtes (genus) und ein Bestimmendes (differentia), welche Begriffselemente derselbe, entsprechend deren Character, in der Definition in solche Verbindung bringt, daß diese nichts anderes, als die Erklärung, die sachgemäße Darlegung des Inhaltes des Begriffes wird ²). Deutet der Inhalt auf eine Wirkung, so wird der Intellect veranlaßt, ein anderes Einfache, die Ursache, in Betracht zu ziehen und derselben Bestimmungen zu ertheilen, welche die Befähigung der Ursache zur Hervorbringung der Wirkung erklären ³). Auf diesem Wege erkennt denn auch der Intellect aus den Thätigkeiten der Seele die Vermögen und Kräfte, durch welche dieselbe jene wirkt, und gewisse Beschaffenheiten, welche der Natur der menschlichen Seele eigenthümlich sind ⁴).

---

sicut moveri et quiescere. Constat autem secundum Philosophum secundo coeli et mundi, quod per eandem potentiam movetur aliquid ad locum et quiescit in loco in corporalibus: ergo multo fortius in spiritualibus per unam et eandem potentiam ratiocinamur et intelligimus: veritatem inquirimus et inventam intelligimus. Opus. 43, cap. 6.... Die deutschen Bezeichnungen der Intelligenz mit „Vernunft" und „Verstand" stimmen mit der Erklärung, welche Thomas über intellectus und ratio gibt, insofern ganz gut zusammen, als „Vernunft" (von: vernehmen) auf den unmittelbaren und festen Aufschluß der Intelligenz an das Sein selbst, und „Verstand" (von: verstehen) auf die in den Untersuchungen hervortretende Bewegung der Intelligenz hindeutet.

¹) Ad hujus igitur evidentiam considerandum est, quod nomina primae intentionis sunt quae rebus sunt imposita absolute, mediante conceptione qua fertur intellectus super ipsam rem in se: ut homo vel lapis. Nomina autem secundae intentionis sunt illa, quae imponuntur rebus, non secundum quod in se sunt, sed secundum quod subsunt intentioni, quam intellectus facit de eis: ut cum dicitur, homo est species, animal est genus. Opus. 42, cap. 12.

²) ... quia omnis diffinitio est ex genere et differentiis. Sum. c. gent. lib. I, cap. 25.

³) Natura enim uniuscujusque rei ex ejus operatione ostenditur. Sum. theol. I, qu. 76, art. 1, resp...

⁴) Nulla autem actio convenit alicui rei nisi per aliquod principium formaliter ei inhaerens... Ergo oportet virtutem quae est principium hujus actionis (sc. abstractionis), esse aliquid in anima. Ibid. qu. 79, art. 4, resp. — Ibid. qu. 87, art 1, resp.: Non ergo per essentiam suam, sed per actum suum se cognoscit intellectus noster; et hoc dupliciter: uno quidem modo particulariter, secundum quod Socrates vel Plato percipit se habere animam in-

Es entgeht dem reflectirenden Intellecte ferner nicht, daß der Begriff die Signatur der Allgemeinheit trägt, eine Qualität, welche zwar von dem den Begriff erzeugenden, mit Nothwendigkeit von den sinnfälligen Verumständungen abstrahirenden Intellecte selbst herrührt, darum nur von idealer und nicht auch realer Bedeutung ist, welche jedoch die Möglichkeit begründet, daß der Begriff vieles Reale umfassen kann. Der Intellect fühlt sich angeregt, diese Möglichkeit zur Wirklichkeit werden zu lassen¹). Er vergleicht daher einen Begriff mit anderen Begriffen. Jener kann dem Wesen oder dem zum Wesen Hinzukommenden gelten. Ist das Erstere der Fall und wird der Begriff nach der ganzen Wesenheit (genus und differentia) genommen, so kann er mit vielen anderen Begriffen, in welchen gleichfalls die ganze Wesenheit erfaßt ist, bei der Vergleichung zusammenfallen, er umschließt sodann eine Vielheit von Individuen und ist Artbegriff. Stimmt aber der Begriff nur nach dem Genus, dem unbestimmten Elemente, mit anderen Begriffen zusammen, so bildet er den Gattungsbegriff, welcher das unterscheidende Element nicht besitzt und darum die Arten, an welchen das Unterscheidende vorkommt, umfaßt. Erscheint bei dem Vergleichen des Begriffes mit anderen Begriffen bloß die differentia als Gemeinsames, so entsteht ein Begriff, welcher viele Wesen innerhalb einer Gattung von anderen derselben Gattung unterscheidet. Bezieht sich der zu vergleichende Begriff auf etwas zum Wesen Hinzukommendes, so ist dieses entweder eine dem Wesen unveräußerliche Eigenschaft, welche sich nur bei einer bestimmten Gattung vorfindet, oder etwas für das

---

tellectivam ex hoc quod percipit se intelligere. Alio modo in universali, secundum quod naturam humanae mentis ex actu intellectus consideramus.... Sed ad secundam cognitionem de mente habendam non sufficit ejus praesentia, sed requiritur diligens et subtilis inquisitio. Unde et multi naturam animae ignorant, et multi etiam circa naturam animae erraverunt.

¹) Unde in homine sic intellecto est duo considerare: scilicet ipsam naturam humanam seu habens eam: et ipsam universalitatem seu abstractionem a dictis conditionibus materiae. Quantum ad primum: homo dicit rem: quantum vero ad secundum dicit intentionem. Non enim in re invenitur homo qui non sit hic et nunc: et ipsa natura, ut sic dicitur esse prima intentio. Sed quia intellectus reflectitur supra se ipsum: et supra ea quae in eo sunt sive subjective sive objective: considerat iterum hominem sic a se intellectum sine conditionibus materiae: et videt quod talis natura cum tali universalitate seu abstractione intellecta potest attribui huic et illi individuo: et quod realiter est in hoc et illo individuo: ideo format secundam intentionem de tali natura: et hanc vocat universale seu praedicabile: vel hujusmodi. Opus. 48, totius Logicae Aristotelis Summa: cap. 1.

Wesen Zufälliges, welches sich auch bei anderen Wesen einstellen kann. Dort wird der allgemeine Begriff zum Begriff des proprium, hier zu dem des accidens¹). Solche Bethätigung der Universalitätstendenz der Begriffe hat wieder Einigung der Begriffe untereinander zur Folge, jedoch jetzt eine solche, daß durch Einen Begriff viele höheren umfaßt werden. Die höchsten Gattungsbegriffe sind die Kategorien, welche sich nur mehr im Begriffe des Seins, aber nicht als im Genus, sondern insofern einigen können, als sie die dem Sein selbst angehörigen Weisen, zu sein, ausdrücken²). Bei Gewinnung der höheren Begriffe aus den ursprünglichen Einzelbegriffen befindet sich der Intellect auf dem Wege der Induction, welcher ihm die Einsicht bereitet, einer= seits daß von jedem höheren Begriffe alles das umfaßt werde, was von ihm erfaßt werden soll, insofern jeder derselben nur so weit reichen will, als er bereits mit anderen Begriffen zusammengefallen ist, und demnach selbstredend Alles ausschließt, was nicht in dieser Sphäre liegt³); andrerseits daß die höheren Begriffe nur insofern reale Be= deutung in Anspruch nehmen, als ihr Fundamentales, das den ur= sprünglichen Einzelbegriffen entsprechende Wesen, in den realen Dingen enthalten ist, und daß letztre ihre Weseneinheit nur im Intellecte haben⁴). — Nachdem der reflectirende Intellect von den Einzelbegriffen zu den höheren und höchsten Begriffen hinangestiegen ist, vermag er von diesen auch wieder zu jenen herabzusteigen und das Materiale, welches er durch die Analysis angesammelt hat, mittelst der Synthese unter einander zu verbinden und durch diese Verbindung von dem höhe= ren Allgemeinen auf das untergeordnete Besondere gewisse Erkenntnisse

---

¹) Vgl. „die Erkenntnißtheorie des h. Thomas von Aquin" von P. M. Libe= ratore, S. 49, und D. Thomae Opus. 48, totius Log. etc.: cap. 2 — cap. 8.

²) Quod autem ens non possit esse genus, probatur per Philosophum in hunc modum. Si ens esset genus, oporteret differentiam aliquam inveniri, per quam traheretur ad speciem; nulla autem differentia participat genus, ita scilicet quod genus sit in ratione differentiae, quia sic genus poneretur bis in diffinitione speciei. Sed oportet differentiam esse praeter id quod intelligitur in ratione generis. Nihil autem potest esse quod sit praeter id quod intelligitur per ens, si ens sit de intellectu eorum de quibus praedicatur, et sic per nullam diffe= rentiam contrahi potest. Relinquitur ergo quod ens non sit genus. Sum. c. Gent. lib. I, cap. 25.

³) In inductione autem, concluditur universale ex singularibus quae sunt manifesta. Anal. post. lib. I, lect. 1. Aristoteles bedient sich zur Bezeichnung des induc= tiven Verfahrens der Ausdrücke: ἡ ἐπαγωγή, ὁ ἐξ ἐπαγωγῆς oder διὰ τῆς ἐπαγωγῆς συλλογισμός, οἱ λόγοι οἱ ἐπὶ τὰς ἀρχάς. Gesch. d. Phil. v. Ernst Reinhold, I, S. 167.

⁴) Opus. 42, cap. 7.

überzuleiten und durch letztre das Besondere weiter zu bestimmen. Bei solchem Herabsteigen von dem Höheren zu dem Niederen, von dem Idealen zum Realen, bewegt sich der Intellect auf dem Wege der **Deduction**, so daß er vom Einfachen zum Zusammengesetzten, von der Ursache zur Wirkung, von dem Grunde zur Folge fortschreitet. Die Deduction findet ihren vollen Ausdruck in der **Wissenschaft**, als einem Ganzen von allgemeinen und begründeten Erkenntnissen. Das höhere Allgemeine, aus welchem eine Wissenschaft Erkenntnisse ableitet, besteht in der gewissen und wahren **pricipiellen** Erkenntniß; das Besondere, für welches Erkenntnisse gewonnen werden sollen, liegt vor in der **Definition**, als derjenigen begrifflichen Erklärung eines Einzelgegenstandes, zu welcher die principielle Erkenntniß (mittelst des höheren oder höchsten Gattungsbegriffes) in Bezug steht; die Verbindung des Princips mit der Definition führt zu den einzelnen Bestimmungen des Gegenstandes der letztren, welche allgemeingiltige und begründete sind, insoweit sie an dem allgemeinen und wahren Principe participiren [1]). Der Kern der Wissenschaft liegt in der **deductiven Demonstration**, im Syllogismus, der zum Obersatze eine generelle Wahrheit (principium demonstrationis), zum Untersatze eine reale Particularität (principium cognitionis) hat, und in der Conclusion die Wahrheit des Obersatzes dem Particulären des Untersatzes zumittelt [2]). Das durch die Demonstration erzeugte Erkennen trägt den Character des **Wissens** [3]).

---

[1]) Cum ergo scibile sit proprium objectum scientiae, non diversificabuntur scientiae secundum diversitatem materialem scibilium, sed secundum diversitatem eorum formalem. Sicut autem formalis ratio visibilis sumitur ex lumine, per quod color videtur, ita formalis ratio scibilis accipitur secundum principia, ex quibus aliquid scitur. Et ideo quantumcunque sint aliqua diversa scibilia per suam naturam, dummodo per eadem principia sciantur, pertinent ad unam scientiam: quia non erunt jam diversa inquantum sunt scibilia. Sunt enim per sua principia scibilia. Anal. post. lib. 1, lect. 41.

[2]) Circa primum sciendum est, quod id cujus scientia per demonstrationem quaeritur, est conclusio aliqua in qua propria passio de aliquo subjecto praedicatur: quae quidem conclusio infertur ex aliquibus principiis. Et quia cognitio simplicium praecedit cognitionem compositorum, necesse est quod antequam habeatur cognitio conclusionis, cognoscantur aliquo modo subjectum et passio. Et similiter oportet, quod cognoscatur principium, ex quo conclusio infertur: cum ex cognitione principii conclusio innotescat. Ibid. lect. 2. Aristoteles bezeichnet den Deductionsschluß mit: ὁ διὰ τοῦ μέσου συλλογισμός, ὁ συλλογισμός, οἱ λόγοι οἱ ἀπὸ τῶν ἀρχῶν. Gesch. d. Phil. v. E. Reinhold, I. S. 167.

[3]) Scire autem est effectus demonstrationis: est enim demonstratio syllogismus apodicon. i. e. faciens scire. Opus. 48, introd...

Die höchste der natürlichen Wissenschaften ist die **Metaphysik**, deren Gegenstand das Sein an sich ist, während die übrigen Wissenschaften ein bestimmtes Seiende zum Objecte haben. Sie befaßt sich mit den am meisten universellen Principien, dem Sein und demjenigen, welches dem Sein folgt, wie Eines und Vieles, Potenz und Act [1]). Aristoteles nennt diese Wissenschaft πρώτη φιλοσοφία, auch θεολογική, bezüglich ihres Zieles, welches die Gottheit sei [2]). Die Metaphysik führt zur Erkenntniß Gottes, als des eigentlichen Seins. Sein ist Wirklichkeit! Zwar erkennt der Intellect die Naturdinge und die Geister als seiend; aber er muß bei allem der Welt Zugehörigen das Wesen (essentia) von seinem Sein (esse) unterscheiden, und kann jenes nur als die Potenz zu diesem als Act erfassen [3]). Das Potentiale zum Sein setzt jedoch ein Actuelles, durch welches es ist, voraus. So gewiß nun jenes ist, so gewiß ist ein Sein als rein Actuelles, ohne irgend Potenz zum Sein. Demnach ist Gott als prima causa aller Dinge actus purus [4]). Die principielle Erkenntniß des Seins als Wirklichkeit, welche ja nicht erst bei der Behandlung der Metaphysik, sondern so oft im Intellecte aufleuchtet, als er irgend ein Wirkliches erkennt, kann als eine Erkenntniß Gottes in confuso angesehen werden, welche erst mit der fortschreitenden Distinction der Dinge bezüglich ihres Seins an Bestimmtheit gewinnt und letztre in der Wissenschaft der Metaphysik endlich vollendet [5]). Zu dieser Vollendung ist die

---

[1]) Unde et illa scientia maxime est intellectualis, quae circa principia maxime universalia versatur. Quae quidem sunt ens, et ea quae consequuntur ens: ut unum et multa, et potentia et actus. Et seq... Prol. in 12. lib. Metaph. Arist...

[2]) Vgl. Reinhold, Gesch. d. Phil. I. S. 169, Note 4... Cfr. Prol. in 12. lib. Metaph. Arist...

[3]) In omni autem creato essentia differt ab ejus esse, et comparatur ad ipsum sicut potentia ad actum. Sum. theol. I, qu. 54. art. 3, resp...

[4]) Nam quod est, est ipsa forma subsistens (sc. in angelis); ipsum autem esse est quo substantia est; sicut cursus est quo currens currit. Sed in Deo non est aliud esse, et quod est, ut supra ostensum est, qu. 3, art. 4. Unde solus Deus est actus purus. Ibid. qu. 50, art. 2, ad 3 um. In der citirten qu. 3, art. 4, heißt es: Oportet ergo quod illud cujus esse est aliud ab essentia sua, habeat esse causatum ab alio. Hoc autem non potest dici de Deo, quia Deum dicimus esse primam causam efficientem. Impossibile est ergo quod in Deo sit aliud esse, et aliud ejus essentia.

[5]) Sola autem natura rationalis creata habet immediatum ordinem ad Deum... Natura autem rationalis, in quantum cognoscit universalem boni et entis rationem, habet immediatum ordinem ad universale essendi prin-

genaue Erkenntniß alles dessen zu zählen, was Gott zukommen muß, um prima causa zu sein ¹). Zu einer höheren Erkenntniß Gottes aber kann der Intellect nur durch das Gnadenlicht erhoben werden ²).

Gott ist das höchste Uebersinnliche und letztes Object der menschlichen Erkenntniß, aber ein solches, welches als erste Ursache auf alles andere Sein wieder zurückweist. Nachdem die Erkenntnißlehre dargelegt hat, daß und wie das Uebersinnliche von den creatürlichen Dingen aus, auf empirischem Wege, erkannt werden könne, bleibt ihr demnach noch die Aufgabe übrig, das Verhältniß des menschlichen Erkennens zu dem in Gott seienden und aus Gott hervortretenden Uebersinnlichen zu bestimmen, d. h. auch in speculativer Weise auf das Erkennen einzugehen. Die Leistungen des h. Thomas für die

---

cipium. Ibid 22ᵈᵃᵉ, qu. 2, art. 3, resp... Deßhalb gilt bezüglich der Erkenntniß Gottes von der universalis entis ratio, was von der universalis boni ratio gilt. Ueber letztre aber spricht sich Thomas ibid. I, qu. 2, art. 1, ad 1ᵘᵐ folgendermaßen aus: Ad primum ergo dicendum quod cognoscere Deum esse in aliquo communi sub quadam confusione, est nobis naturaliter insertum, in quantum scilicet Deus est hominis beatitudo; homo enim naturaliter desiderat beatitudinem; et quod naturaliter desideratur ab homine, naturaliter cognoscitur ab eodem. Sed hoc non est simpliciter cognoscere Deum esse, sicut cognoscere venientem, non est cognoscere Petrum, quamvis sit Petrus veniens; multi enim perfectum hominis bonum, quod est beatitudo, existimant divitias; quidam vero voluptates, quidam autem aliquid aliud.

¹) Sed quia sunt effectus a causa dependentes, ex eis in hoc perduci possumus ut cognoscamus de Deo an est, et ut cognoscamus de ipso ea quae necesse est ei convenire, secundum quod est prima omnium causa, excedens omnia sua causata. — Unde cognoscimus de ipso habitudinem ipsius ad creaturas, quod scilicet omnium est causa; et differentiam creaturarum ab ipso, quod scilicet ipse non est aliquid eorum, quae ab eo causantur; et quod haec non removentur ab eo propter ejus defectum, sed quia superexcedit. Ibid. qu. 12, art. 12, resp... Deus autem ponitur primum principium, non materiale, sed in genere causae efficientis; et hoc oportet esse perfectissimum; sicut enim materia, in quantum hujusmodi, est in potentia; ita agens, in quantum hujusmodi, est in actu; unde primum principium activum oportet maxime esse in actu, et per consequens maxime esse perfectum; secundum hoc enim dicitur aliquid esse perfectum, secundum quod est actu: nam perfectum dicitur cui nihil deest secundum modum suae perfectionis. Ibid. qu. 4, art. 1. resp...

²) Sic igitur intellectus humanus habet aliquam formam, scilicet ipsum intelligibile lumen, quod est de se sufficiens ad quaedam intelligibilia cognoscenda, ad ea, scilicet, in quorum notitiam per sensibilia possumus devenire. Altiora vero intelligibilia intellectus humanus cognoscere non potest, nisi fortiori lumine perficiatur, sicut lumine fidei, vel prophetiae, quod dicitur lumen gratiae, inquantum est naturae superadditum. Ibid. 12ᵈᵃᵉ qu. 109, art. 1, resp...

speculative Richtung der Erkenntnißlehre haben entsprechende des h. Augustinus zur Grundlage.

Der h. Thomas macht die Behauptung des h. Augustinus, es gebe in der göttlichen Intelligenz ewige und unveränderliche Ideen, nach welchen Gott alles Creatürliche gebildet habe, durch die Begründung zu der seinigen, daß Gott als intelligentes Wesen der Urheber der Welt sei, ein solches aber in seinem Geiste das Vorbild des von ihm Hervorzubringenden habe, wie im Geiste des Baumeisters das Haus als Idee existire, bevor derselbe in der Wirklichkeit ein Haus zur Ausführung bringe; daß Gott in die Idee der Welt die Idee eines jeden einzelnen Dinges beschließe, wie auch der Baumeister den Plan eines Hauses nicht entwerfe, ohne auf die demselben eigenthümlichen Theile Bedacht zu nehmen; daß Gott mit seinem Einen Intellecte das Viele, sowohl in sich selbst, wie auch als von ihm Erkanntes, erkenne; daß aber Gott deßhalb ein von ihm verschiedenes Viele erkenne, weil er eine vollkommene Erkenntniß seines Wesens, also auch der Nachahmlichkeit und des in einem gewissen Grade Aehnlichen desselben, und somit die Erkenntniß von Anderem habe, eine Erkenntniß zugleich von so vielem Gottähnlichen, als Gott selbst seine Wesenheit als verschiedentlich nachzunahmen erkenne [1]). So sind

---

[1]) Sed contra est, quod dicit Augustinus in libr. 83 Quaest., quaest. 46, a med.: Ideae sunt principales quaedam formae, vel rationes rerum stabiles atque incommutabiles, quia ipsae formatae non sunt; ac per hoc aeternae, ac semper eodem modo se habentes, quae divina intelligentia continentur. Sed cum ipsae neque oriantur, neque intereant, secundum eas tamen formari dicitur omne quod oriri et interire potest, et omne quod oritur et interit. Ibid. 1, qu. 15, art. 2. — Ibid. art. 1, resp.: Agens autem non ageret propter formam, nisi in quantum similitudo formae est in ipso. Quod quidem contingit dupliciter... In quibusdam vero secundum esse intelligibile, ut in his quae agunt per intellectum; sicut similitudo domus praeexistit in mente aedificatoris; et haec potest dici idea domus, quia artifex intendit domum assimilare formae quam mente concepit. Quia igitur mundus non est casu factus, sed est factus a Deo per intellectum agente, ut infra patebit, qu. 46, art. 6, necesse est, quod in mente divina sit forma ad similitudinem cujus mundus est factus. — Ibid. art. 2, resp.: Ratio autem alicujus totius haberi non potest, nisi habeantur propriae rationes eorum ex quibus totum constituitur; sicut aedificator speciem domus concipere non potest, nisi apud ipsum esset propria ratio cujuslibet partium ejus. Sic igitur oportet quod in mente divina sint propriae rationes omnium rerum. Unde dicit Augustinus in lib. 83 Quaest., qu. 46, post med., quod singula propriis rationibus a Deo creata sunt. — Ibid. art. 2, ad 2ᵘᵐ: Deus autem uno intellectu intelligit multa et non solum secundum quod in se ipsis sunt, sed etiam secundum quod intellecta sunt; quod est in-

denn nun auch in Gott Ideen bezüglich der creatürlichen Nachahmung seines Wesens in der Vollkommenheit der Geistigkeit, d. h. als erkennenden und wollenden, die Ideen von den creatürlichen Geistern. Die Nachahmung des erkennenden Gottes erblickt Thomas im creatürlichen Geiste, insofern dieser mit einer Erkenntnißkraft ausgerüstet ist, welche ein intellectuelles Licht als Abbild des intellectuellen Lichtes in Gott und Ideen besitzt, welche ein Abbildliches von den Ideen im intellectuellen Lichte Gottes sind [1]). Die menschliche Seele, der untersten Stufe des Geisterreiches angehörend, ist freilich ein Geist der unvollkommensten Art. Das Aehnliche des intellectuellen Lichtes Gottes gehört bei ihr nicht der erkennenden Kraft selbst zu, sondern vielmehr der das Erkennen ermöglichenden Kraft (dem intellectus agens), welche das Entstehen der ersten Begriffe und der principiellen gewissen Erkenntnisse, als der Abbilder der göttlichen Ideen, in Abhängigkeit von der Sinnesthätigkeit in der zum Erkennen in Potenz seienden Kraft bewirkt. Wegen der jedoch immerhin vorhandenen Aehnlichkeit des erkennenden menschlichen Geistes mit dem erkennenden Gott muß dem wahren Erkennen des ersteren die erhabene Beschaffenheit, ein Erkennen der in Gott seienden und von Gott erkannten Wahrheit zu sein, zugesprochen werden. Die durch den intellectus agens, das Aehnliche des göttlichen Intellects, in der menschlichen Seele entstehenden Ideen, die ersten Begriffe und die principiellen gewissen Erkenntnisse, sind ja Nachbildungen der im göttlichen Intellecte seienden Wahrheit, der göttlichen Ideen, und enthalten somit göttliche Wahrheit, wie nicht weniger

---

telligere plures rationes rerum: sicut artifex, dum intelligit formam domus in materia, dicitur intelligere domum; dum autem intelligit formam domus ut a se speculatam, ex eo quod intelligit se intelligere eam; intelligit ideam, vel rationem domus. — Ibid. art. 2, resp.: ipse enim essentiam suam perfecte cognoscit; unde cognoscit eam secundum omnem modum quo cognoscibilis est. Potest autem cognosci non solum secundum quod in se est, sed secundum quod est participabilis secundum aliquem modum similitudinis a creaturis. Unaquaeque autem creatura habet propriam speciem secundum quod aliquo modo participat divinae essentiae similitudinem. Sic igitur in quantum Deus cognoscit suam essentiam ut sie imitabilem a tali creatura, cognoscit eam ut propriam rationem et ideam hujus creaturae; et similiter de aliis.

[1]) Ipsum enim lumen intellectuale, quod est in nobis, nihil est aliud quam quaedam participata similitudo luminis increati, in quo continentur rationes aeternae. Sum. theol. I, qu. 84, art. 5, resp... Sicut enim omnes rationes rerum intelligibiles primo existunt in Deo, et ab eo derivantur in alios intellectus, ut actu intelligant, sic etiam derivantur in creaturas, ut subsistant. Ibid. qu. 105, art. 3, resp...

diejenigen Ideen, welche mit Gewißheit aus jenen abgeleitet werden. Deshalb vertheidigt denn auch Thomas mit Augustinus, letztren zugleich rechtfertigend, ein dem menschlichen Geiste zukommendes Schauen der Dinge in der göttlichen Wahrheit: Schauen, weil die Dinge nach dem Entstehen der ersten Begriffe und später die Principien erfaßt werden; in der göttlichen Wahrheit, weil jene Begriffe, welche das Wesen der Dinge enthalten, und diese Principien, welche deren Wahrheit ausdrücken, Nachbildungen der göttlichen Ideen sind [1]). Darin jedoch weicht Thomas von Augustinus ab, daß er nicht, wie dieser, die Erkenntniß der Wahrheit von einer sich immerwährend wiederholenden Erscheinung Gottes oder der göttlichen Ideen selbst in der menschlichen Seele abhängig macht, sondern dieselbe vielmehr von einem der Seele angeschaffenen Vermögen, dem intellectus agens, in der Weise bewirkt werden läßt, daß in jener durch diesen Ideen, welche den göttlichen ähnlich sind, entstehen. Dieses Unterschiedes war sich Thomas auch wohl bewußt, legt jedoch demselben kein besonderes Gewicht bei [2]). Uebrigens schließt Thomas nicht alles Wirken Gottes

---

[1]) Veritatem quidem in anima esse ipse Augustinus confitetur; unde ab aeternitate veritatis immortalitatem animae probat. Non solum autem sic veritas est in anima sicut Deus per essentiam in rebus omnibus dicitur, neque sicut in rebus omnibus est per suam similitudinem, prout unaquaeque res in tantum dicitur vera in quantum ad Dei similitudinem accedit; non enim in hoc anima rebus aliis praefertur. Est ergo speciali modo in anima, in quantum veritatem cognoscit. Sicut igitur animae et res aliae verae quidem dicuntur in suis naturis, secundum quod similitudinem illius summae naturae habent quae est ipsa veritas, quum sit suum intellectum esse, ita id quod per animam cognitum est verum est, in quantum illius divinae veritatis, quam Deus cognoscit, similitudo quaedam existit in ipsa. Unde et Glossa super illud Psalmistae: Diminutae sunt veritates a filiis hominum (Psalm. XI, 2) dicit quod, „sicut ab una facie resultant multae facies in speculo, ita ab una prima veritate resultant multae veritates in mentibus hominum." — Quamvis autem diversa a diversis cognoscantur et credantur vera, tamen quaedam sunt vera in quibus omnes homines concordant, sicut sunt prima principia intellectus tam speculativi quam practici, secundum quod universaliter in mentibus hominum divinae veritatis quasi quaedam imago resultat. In quantum ergo quaelibet mens quidquid per certitudinem cognoscit in his principiis intuetur secundum quae de omnibus judicatur, facta resolutione in ipsa, dicitur omnia in divina veritate vel in rationibus aeternis videre et secundum eas de omnibus judicare. Et hunc sensum confirmant verba Augustini qui dicit quod scientiarum spectamina videntur in divina veritate, sicut visibilia in lumine solis; quae constat non videri in ipso corpore solis, sed per lumen, quod est similitudo solaris claritatis, in aere et similibus corporibus relicta. Sum. c. Gent. lib. 3, cap. 47...

[2]) Vgl. Liberatore, Erkttßtl. d. h. Thomas, S. 150--151.

auf den menschlichen Intellect zum Zwecke des Erkennens aus; das von ihm behauptete ist nur anderer Art und gehört zu dem in der allgemeinen Welt-Erhaltung und Regierung aufgehenden Wirken Gottes, ohne welches kein Creatürliches, also auch nicht der Intellect, seine eigenthümlichen Functionen verrichten kann [1]). Die ewigen Wahrheiten in Gott enthalten auch die Norm, nach welcher Gott die Handlungen der freien Geschöpfe eingerichtet wissen will. Von derselben existirt gleichfalls ein Aehnliches in der vernünftigen Creatur [2]). Dieses besteht in dem angebornen Habitus der ratio, erste und allgemeine Principien zu haben, die ebenso zu den Handlungen in Verhältniß stehen, wie die Principien der ratio speculativa zu den Schlußfolgerungen. Jene wird dadurch zur ratio practica, und die practischen Principien haben den Character des Gesetzes [3]).

Vorstehende, theils auf eigenen Aussprüchen des h. Thomas beruhende, theils im Geiste derselben gegebene Darstellung der Thomistischen Erkenntnißlehre legt als Grundelemente der letzteren Aristotelisches und Augustinisches ganz offen zur Schau. Demjenigen aber, welcher dieses Aristotelische mit dem in den Schriften des Aristoteles Vorkommenden in Vergleich bringt, bleibt es nicht verborgen, daß auch Christliches als Element jener Erkenntnißlehre mit anzuführen sei; denn das Thomistisch-Aristotelische enthält die Lehrpunkte des Aristoteles, welche sich mit der christlichen Doctrin nicht vereinbaren lassen, nicht; statt derselben aber Bestimmungen, die, wenn auch durch reines Vernunfterkennen begründet, doch auf eine christlich orientirte Vernunft zurückweisen; so daß Christliches als ein das Aristotelische veredelndes und vervollkommnendes Element der Thomistischen Erkenntnißlehre nicht außer Acht gelassen werden darf. Wie sollte man nicht auch von Thomas dasselbe Verfahren rücksichtlich der Aufnahme des Aristotelischen erwarten, welches derselbe doch an Augustinus in Behandlung

---

[1]) Sum. theol. 1. qu. 79, resp., et ad 1ᵘᵐ.

[2]) Sed quia rationalis creatura participat eam (sc. rationem aeternam) intellectualiter et rationaliter, ideo participatio legis aeternae in creatura rationali proprie lex vocatur; nam lex est aliquid rationis. Ibid. 12ᵃᵉ qu. 91, art. 2, ad 3ᵘᵐ.

[3]) Et quia ratio etiam practica utitur quodam syllogismo in operabilibus, ut supra habitum est, qu. 13, art. 3, et qu. 77, art. 2, ad 4, secundum quod Philosophus docet in Eth., cap. 3, ideo est invenire aliquid in ratione practica quod ita se habeat ad operationes, sicut se habet propositio in ratione speculativa ad conclusiones, et hujusmodi propositiones universales rationis practicae ordinatae ad actiones habent rationem legis. Ibid. qu. 90, art. 1, ad 2ᵘᵐ.

der Platonischen Lehrsätze anerkennt, wenn er sagt: Et ideo Augustinus, qui doctrinis Platonicorum imbutus fuerat, si qua invenit fidei accommoda in eorum dictis, assumpsit; quae vero invenit fidei nostrae adversa, in melius commutavit [1]). Eine in diesem Sinne vervollkommnete Aristotelische Idee in der Erkenntnißlehre des h. Thomas ist die Idee von Gott. Aristoteles hatte bereits das Erkennen bis zu Gott, als dem letzten Grunde der Dinge, hinaufgeführt; aber dieser letzte Grund sollte eine causa efficiens sein, welche durch Formirung einer in sich ewigen Materie den Dingen das Dasein bereite, mithin eine Ursache, die, wenn auch von Ewigkeit her in Formirung der Materie wirksam, doch nicht allein aus sich die Dinge hervorbringen, und somit auch nicht prima causa omnium sein konnte. Thomas verschaffte dagegen dem Erkennen des letzten Grundes seine ganze Wahrheit durch die Idee einer causa prima, welche als Sein schlechthin alle Vollkommenheiten des Seins in sich vereinige und durch ihr Erkennen und Wollen allem außer ihr Existirenden zur Darstellung eines bloßen Aehnlichen von ihr das Sein verleihe, eine Idee, welche die wahre Speculation in sich trug. — Eine andere mit christlichem Geiste erfaßte Aristotelische Idee ist die vom intellectus agens. In seinem christlichen Bewußtsein findet es Thomas so natürlich, den intellectus agens für ein bloßes Vermögen zu halten, daß er der festen Ueberzeugung ist, auch Aristoteles habe denselben für nichts anderes, als eine der Seele angehörige Kraft gehalten, und es seien zur Nachweise dieser Ansicht des Aristoteles in dessen Lehre über den intellectus die ausreichendsten Anhaltspunkte gegeben. Wir können nun zwar jene Ueberzeugung des h. Thomas bezüglich dieser Aristotelischen Ansicht nicht theilen; denn wie geschickt und scharfsinnig auch die Begründung für dieselbe unternommen ist [2]), so scheinen doch die philologisch-philosophischen Gründe unserer Tage für die entgegengesetzte Behauptung, Aristoteles verstehe unter dem intellectus agens den göttlichen Geist selbst oder doch ein selbständiges Wesen [3]), gewichtvoller zu sein; ob-

---

[1]) Ibid. I, qu. 84, art. 5, resp...
[2]) Sum. c. Gent. lib. II, cap. 78.
[3]) Vgl. Chr. A. Brandis, Gesch. d. Entwicklung der griech. Philosophie, erste größere Hälfte, S. 518–520, und: Uebersicht über das Arist. Lehrgeb. S. 107.
— Die „historia philosophiae Graecae et Romanae ex fontium locis contexta, II. Ritter et L. Preller, 1857, edit. secda" spricht sich pag. 367 in der Note zu der bekannten Stelle 111, 4 et 5 aus der Aristotelischen Schrift de Anima folgendermaßen aus: Difficillimus hic locus est de intellectu agente et patiente; sed

gleich wir doch auch nicht verschweigen dürfen, daß, unsres Wissens, von den neuesten Forschern noch nicht dargethan worden ist, wie der von Thomas zu Gunsten seiner Ansicht angeführte und von letzteren nicht in Abrede gestellte bedeutsame Umstand: Aristoteles bezeichne den intellectus agens auch als habitus (ἕξις) de Anima III. 5., mit der Annahme, der intellectus agens sei das Göttliche selbst oder doch ein selbstständiges Wesen, in Einklang gebracht werden könne. Aber des Thomas sorgsames Bemühen, es einleuchtend zu machen, Aristoteles habe den intell. agens als eine der Seele angehörige Kraft angesehen, zeigt doch deutlich genug, Thomas sei für seine Person der festen Ueberzeugung gewesen, der intell. agens müsse als eine Seelenkraft behandelt werden; und diese mit dem Christenthum harmonirende Ueberzeugung würde Thomas gewiß nicht aufgegeben haben, wenn er auch erkannt hätte, er weiche in derselben von Aristoteles ab; er würde vielmehr den h. Augustinus nachgeahmt haben, dem er ja nachrühmt: quae vero invenit fidei nostrae adversa, in melius commutavit. —

Durch die Grundelemente seiner Erkenntnißlehre tritt Thomas zu Aristoteles und Augustinus in Relation. Thomas hat sich die Aristotelischen Lehrsätze nicht angeeignet, ohne zugleich auf das Verhältniß, in welchem dieselben zur Platonischen Lehre stehen, Rücksicht zu nehmen, ohne sie noch weiterhin zu begründen und aus-

---

apparet patientem appellari potissimum eum, qui est singulorum hominum atque animorum, cum sensuum perceptionibus illum et cum imaginationibus conjunctum (cf. n. 319, not. d, 342), intellectum agentem contra esse divinum et per omnem naturam dominantem (n. 329): qui intellectus sicuti omnis scientiae atque cognitionis fons est atque principium (n. 319 extr.), ita etiam hominum animos ad intelligendum suscitat eosque notionibus et scientiae principiis inditis veluti ad altiorem vitam ac beatitudinem, qua ipse semper fruitur, informat cf. n. 330 et Eth. Eud. VII, 14, quo loco (citatur n. 329, not.) denn in nostris animis principium cognitionis esse aperte pronunciat. Eodem pertinet quod in foetu humano ceteras facultates omnes a corpore ac semine, intellectum solum a divina natura repetit eumque extrinsecus in animum humanum intrare diserte dicit, de Gen. An. II, 3: ὅσον γὰρ ἐστιν ἀρχῶν ἡ ἐνέργεια σωματική, δῆλον ὅτι ταύτας ἄνευ σώματος ἀδύνατον ὑπάρχειν, οἷον βαδίζειν ἄνευ ποδῶν, ὥστε καὶ θύραθεν εἰσιέναι ἀδύνατον. — λείπεται δὲ τὸν νοῦν μόνον θύραθεν ἐπεισιέναι καὶ θεῖον εἶναι μόνον οὐδὲ γὰρ αὐτοῦ τῇ ἐνεργείᾳ κοινωνεῖ σωματικὴ ἐνέργεια. Cf. Trendelenburg ad Arist. de An. p. 192 sqq.; Zeller: die Philosophie d. Gr. II, p. 489 sqq.; Prantl: Gesch. d. Logik I. p. 106 sqq... Denique Aristoteles divinam animi partem in vaticinationibus et morte a reliqua anima et a corpore separari eamque immortalem esse et meliore post mortem vita frui statuisse perhibetur, testibus Sext. Empir. adv. Math. IX, 20 sqq., Cic. de Divinit. I, 25, 53, Plutarcho Consol. ad Apollon. 27, qui libris deperditis usi sunt.

zuführen, ja auch zu berichtigen. Er hat demnach der Stellung, welche Aristoteles zu Platon eingenommen, in höherem Maße, als jener, genügt, und vertritt darum im Flusse der Geschichte in hochzuschätzender Weise den Aristotelismus des Alterthums. Allerdings hat Albertus der Große in der nutzbaren Verwendung des Aristotelischen zum realen Gewinne der Wissenschaft bedeutende Vorarbeiten geliefert; aber Thomas übertrifft seinen Meister an Vollkommenheit der Verarbeitung des Aristotelischen und hat sich nach dieser Seite um den Aristotelismus mehr, als jener, verdient gemacht. — Das Augustinische Element hat Thomas gleichfalls nicht blos aufgenommen, sondern auch tiefer begründet und weitergebildet. So wie Thomas das Aristotelische in seiner Erkenntnißlehre handhabte, brachte er das empirische Moment der betrachtenden Reflexion in der Augustinischen Erkenntnißlehre mit dem allseitig erfaßten vorangehenden ersten empirischen Momente, der ersten Erkenntniß des Uebersinnlichen, in Verbindung und erhob dadurch die empirische Richtung des Erkennens in die Sphäre der Vollständigkeit. Indem Thomas erklärt, wie man sich das Vorhandensein von Ideen in Gott zu denken habe, führt er die Ideenlehre des Augustinus auf ihren letzten Grund zurück. Und indem er in Uebereinstimmung mit dem menschlichen Bewußtsein darthut, daß die göttliche Wahrheit nicht durch unmittelbare Eindrücke in den Geist letztrem erscheint, sondern diesem durch ein ihm angeschaffenes Aehnliche des Göttlichen offenbar wird, bildet er die speculative Seite der Augustinischen Erkenntnißlehre fort: jenes bloß Mögliche ersetzt er durch das Wirkliche. Kurz: in der Erkenntnißlehre des h. Thomas ist dem, vom h. Augustinus in den geschichtlichen Boden eingesenkten, wahren Keime Platonischer Gestalt die Entwicklung zu Theil geworden, durch welche die Philosophie in Stand gesetzt wurde, mit Glück zu Gott auf- und von Gott niedersteigen zu können. Das Band, welches in der Erkenntnißlehre Thomas mit Augustinus verknüpft, verschafft sich auch in den wissenschaftlichen Erörterungen, welche Thomas auf der Grundlage jener Erkenntnißlehre angestellt hat, Ausdruck. Zuerst der ideale Augustinus, dann der erklärende Thomas! Bald geht letzter direct von jenem aus, bald läßt er dessen Gedanken in der Exposition einer Lehre aufleuchten, und dies nicht das eine oder andre Mal, sondern ständig, so oft Augustinus einen Anhalt bietet; sein Gedanke sucht den Weg, so er möglich ist, durch den Ideenkreis Augustin's zu nehmen. Weicht Thomas von Augustinus ab, so geschieht es nicht im Kern der Sache, sondern nur in der näheren Bestimmung derselben. Er sucht vor Allem die Uebereinstimmung, wie er auch zur Vertheidigung eintritt, falls die Behauptungen Augustins einer Rechtfertigung bedürfen. Dabei ist er um das richtige Verständniß eines Augustinischen Ausspruches außerordentlich bemüht: nicht nur zieht er anderweitige Aeußerungen zum Vergleich und zur Ausdeutung heran; er geht sogar zu den Platonikern zurück, um den eigentlichen Sinn zu ermitteln. —

Stehen Erkenntnißlehre und Philosophie in innerem Bezuge zu einander, so dürfen wir erwarten, daß der Vollständigkeit jener auch die Vollständigkeit dieser folgen werde. Thomas hat nun allerdings das ganze philosophische Gebiet zu umfassen gestrebt; aber er hat noch nicht auf seine Rechnung alle philosophische Materialien unter einer systematischen Gliederung zu einem geordneten Ganzen zusammengefügt, sondern vielmehr das empirisch Philosophische vorzüglich in den Erklärungen der Aristotelischen Schriften und in vereinzelten Abhandlungen niedergelegt, und das Speculative hauptsächlich im Dienste wissenschaftlicher Behandlung der katholischen Glaubenslehre hervortreten lassen; obgleich seine Ansicht, die Philosophie könne als reine Vernunftwissenschaft eine eigene Wissenschaft abgeben, unschwer zu ermitteln ist, z. B. aus Proem. qu. 2, art. 2 in libr. Boet. de Trinit., wo er der Theologie als einer Wissenschaft über das Göttliche aus übernatürlichen Principien die Aristotelische „erste Philosophie" als eine eigene Wissenschaft über das Göttliche aus natürlichen Principien mit Anerkennung gegenüberstellt. Erst die von Thomas ausgehende Schule hat die Philosophie im Geiste desselben zu einem in sich abgeschlossenen Ganzen verarbeitet. Wie natürlich es nun erscheinen mag, daß der Denkgeist, welcher sich ja beim Philosophiren vom Erkennen leiten läßt, das Philosophische für sich zusammen zu ordnen suchte, weil er in dem Einen Erkennen alle Momente, durch welche er auf das verschiedenste Sein hingewiesen wurde, zusammenvorfand; so darf man sich doch nicht die weitere Erwartung gestatten, es werde, nachdem die Philosophie als ein Ganzes hingestellt worden, auch die Erkenntnißlehre als ein Ganzes für sich jener vorhergeschickt worden sein. Bei Thomas würde man allerdings die Erkenntnißlehre als ein solches Ganze noch nicht aufzusuchen haben; der Forscher ist auch wirklich genöthigt, aus zerstreuten Stellen der Thomistischen Werke die einzelnen Lehren rücksichtlich des Erkennens des Uebersinnlichen herauszulesen, um sodann dieselben nach ihrem inneren Verhältnisse in Zusammenhang zu bringen. Man hat — im Vorbeigehen sei's bemerkt — sich vorzusehen, daß man die wissenschaftliche Exposition des h. Thomas De potentiis intellectivis in dem 1. Theile der Summa theologica nicht für die Erkenntnißlehre desselben halte; denn kommen auch in jener viele erkenntnißtheoretische Aussprüche vor, so sind dieselben doch nur einer Lehre über die menschliche Seele untermischt, welche nicht zum eigentlichen Ziele hat, zu zeigen, wie man das Uebersinnliche erkennen könne, sondern wie die Seele als ein bestimmter Theil der Schöpfung beschaffen sei. — Aber auch von den späteren Thomisten wird man das Erkennen unter dem Gesichtspunkte einer der Philosophie vorhergehenden Erkenntnißlehre nicht behandelt finden; und daß es nicht geschah, rührt von der wissenschaftlichen Tendenz her, welche der mittelalterlichen Philosophie, die ihren Höhepunkt in der Thomistischen Philosophie erreichte, eigenthümlich ist, und die ihren Grund hinwieder in der herrschenden Ansicht über das Erkennen des Uebersinnlichen hatte. Wie man nämlich den Intellect dadurch vor den anderen Erkenntnißvermögen ausgezeichnet erblickte, daß derselbe von Natur aus die Erfassung des Wesens erziele, so ließ man sich auch vorzüglich angelegen sein, aufzufinden, wie man durch den Intellect Alles nach dem Character des Wesens erkennen könne. Man verstehe wohl! Es soll damit nicht gesagt werden, als habe man an den Dingen nur das Wesen, das Ansichbestehende und Bleibende, und nicht auch das einem Anderen Inhärirende und Accidentelle erkennen wollen. Die Erkenntnißlehre des h. Thomas bezeugt ja das Gegentheil davon. Nein, man wollte sowohl das quod est einer Sache, als dasjenige, welches der Sache folgt, als: habitus, proprietates et accidentia, erkannt wissen. Und gewiß, es ist keine zu erkennende Rücksicht an den Dingen, welche der Scholastik verborgen geblieben wäre; auch der habitus, die proprietates rc. sind etwas Bestimmtes, lassen sich definiren und haben insofern ihr eigenes Wesen; und so soll denn angedeutet sein, daß die Scholastik bestrebt gewesen sei, Alles nach dieser Qualität des Wesens zu erfassen. Thomas setzt erkenntnißtheoretisch auseinander, daß eine Sache zweifach erkannt werden könne, nach ihrem quod est, und nach demjenigen, welches in ihrem Gefolge sei; daß das quod est durch die Erkenntniß des quid est und an est erkannt werde; und was zu beobachten sei, um auch die habitus, die proprietates und die accidentia nach dem quid est, quia und an est zu erkennen. Auch das Erkennen in Gemäßheit des Causalitätsverhältnisses zieht er in den Dienst der Erkenntniß des quid est und des an est ¹). Das quid est, quia und an est gelten aber dem Wesen.

Die erkenntnißtheoretischen Ansichten nun, welche von dieser Tendenz des Wesens beherrscht wurden, bedurften keiner eigenen, in sich

---

¹) Respondeo dicendum, quod aliqua res potest cognosci dupliciter: Uno modo secundum id quod est; alio modo quantum ad ea quae ipsam consequuntur. Cognitio autem de re secundum id quod est, potest dupliciter haberi, scilicet dum cognoscitur quid est, et an est. Quid autem res est, cognoscitur, dum ipsius quidditas comprehenditur: quam quidem non comprehendit sensus, sed solum accidentia sensibilia, nec imaginatio, sed solum imagines corporum; sed est proprium objectum intellectus, ut dicitur in III de Anima (text. VI) et ideo Augustinus dicit, quod intellectus cognoscit res per essentiam suam, quia objectum ejus est ipsa essentia rei. Essentiam autem alicujus rei, intellectus noster tripliciter comprehendit. Uno modo comprehendit essentias rerum quae cadunt in sensu, abstrahendo ab omnibus individuantibus, sub quibus cadebat in sensu, et in imaginatione; et sic remanebit pura essentia rei, puta hominis, quae consistit in his, quae sunt hominis, in quantum est homo. Alio modo essentias rerum quas non videmus, cognoscimus per causas, vel effectus eis proportionatos, cadentes in sensu. Si autem effectus non fuerint proportionati causae, non facient causam cognoscere quid est, sed quia est tantum, sicut patet de Deo. Tertio modo cognoscit essentias artificialium numquam visorum, investigando ex proportione finis ea quae exiguntur ad illud artificiatum. Similiter an res sit, tripliciter cognoscit. Uno modo quia cadit sub sensu. Alio modo ex causis, et effectibus rerum cadentibus sub sensu, sicut ignem ex fumo perpendimus. Tertio modo cognoscit aliquid in se ipso ex inclinatione quam habet ad aliquos actus: quam quidem inclinationem cognoscit ex hoc quod super actus suos reflectitur, dum cognoscit se operari. Loquendo autem de cognitione habituum, qua cognoscuntur quid sint, eorum cognitio ex duobus ultimis modis commiscetur: quia habitus ipsos per actus cognoscimus, sicut causam per effectum. Et quia nos sumus causa actuum, ideo actus cognoscimus per actum rationis investigantis quid sit necessarium in actu illo ex proportione objecti boni, et finis, sicut dictum est de artificialibus. Similiter cognitio qua cognoscitur, an habitus sint, ex duobus ultimis modis est: quia enim cognoscere quid est, est principium ad sciendum quia est; ideo aliquis praedicto modo cognoscendo quid sit aliquis habitus ex hoc quod videt talem actum exire qualis requiritur ad illum habitum, cognoscit quod ille habitus est in aliquo, etiam si ipse illum habitum non habeat; sed ille qui habet habitum, praeter hunc modum, tertio modo cognoscit se habere habitum, inquantum percipit inclinationem sui ad actum, secundum quam se habet aliqualiter ad actum illum. Et hoc quidem cognoscit homo per modum reflexionis, inquantum scilicet cognoscit se operari quae operatur. Et ideo dicit Augustinus, quod hujusmodi habitus cognoscuntur per suam potentiam quantum ad hunc modum. Ea vero quae consequuntur ad habitus, id est proprietates, et accidentia ipsorum, cognoscuntur partim ex cognitione naturae habituum, secundum quod cognitio quid est, est principium ad cognoscendum quia est; partim vero ex eorum actibus, secundum quod conditiones causarum in effectibus repraesentantur. In lib. III sent. dist. 23, qu. 1, art. 2...

zusammenhängenden Darstellung; es sollte ja jegliches Ding nach dem Character des Wesens erkannt werden; man brauchte daher nur die verschiedenen Weisen zu kennen, sich in den Besitz des Wesens der verschiedenen Dinge zu setzen, so wie Thomas in der zuletzt angeführten Stelle auch eben nur diese verschiedenen Weisen angegeben hat; und es war zur Begründung jener Erkenntnißweisen nicht erforderlich, auf eine frühere Darlegung des ganzen Erkenntnißprocesses zurückzugehen und zu verweisen; es genügte, wenn man den Modus, dem Wesen eines bestimmten Seienden beizukommen, an sich selbst empirisch aufzeigen konnte. Ingleichem war auch für die Philosophie, welche von der Tendenz der Wesenerkenntniß getragen wurde, eine ihr vorhergehende, eigens für sich behandelte Erkenntnißtheorie kein Bedürfniß; es war hinreichend, wenn sie logisch zu ordnen verstand, ihre Propositionen aufstellte, und in den Beweisen unter den Gründen, wenn auch an erster Stelle, diejenigen, welche erkenntnißtheoretischer Art waren, anführte. Mehr als eine Logik an der Spitze der Philosophie selbst war nicht von Nöthen.

So läßt sich denn wohl begreifen, warum die mittelalterliche Philosophie noch nicht von einer für sich bestehenden Erkenntnißtheorie ausgegangen ist; man muß aber doch auch andrerseits gestehen, daß eine Erkenntnißlehre in förmlicher Darstellung einer Erkenntnißtheorie einen höheren Grad der Vollkommenheit einnimmt, als diejenige, welche sich als bloßer Gedanke im Geiste eines Menschen vorfindet, oder, wenn sie ihren Ausdruck erhalten soll, innerhalb der Wissenschaft selbst und zwar an verschiedenen Stellen zerstreut an's Tageslicht tritt. Allein, wie sollte ein solcher Grad von Vollkommenheit eine Wirklichkeit werden? Kann das Erkennen noch eine andere Tendenz, als die der Wesenabschätzung annehmen, die von solchem Einflusse auf die Erkenntnißlehre, aber auch von einem ähnlichen auf die Philosophie selbst wäre, da ja jene und diese Hand in Hand gehen; eine Tendenz, welche zugleich im Einklange mit der Erkenntnißlehre des h. Thomas stände und zu deren Förderung beitragen dürfte?

Das Erkennen kann sich noch den Causalitätsverhältnissen zuwenden, um das Wirken des realen Wesens, wodurch eben das Ding erst ein vollendetes wird, zu seinem Zielpunkte zu erheben. Thut es dies mit durchgreifender Entschiedenheit, so geht es von einem Vorliegenden, dasselbe analysirend, zu einem Ersten zurück, um zu erforschen, wie aus letzterem erstes hervorgegangen ist; es stellt sodann auch einen sich selbst bedingenden und begründenden Zusammenhang auf, der die Mittelglieder, je nach Maßgabe näherer oder entfernterer Begründung, zu einem wohlgeordneten, sich selbst tragenden Ganzen verbindet, so daß das Einzelne nicht bloß an sich, sondern auch für die Verwirklichung des Ganzen Bedeutung erhält. Zwischen erkenntnißtheoretischen Ansichten und Philosophie besteht nun ein gewisses causales Verhältniß, denn von der **Einsicht in die Beschaffenheit des Erkennens** muß das **Verständniß** über die Dinge abhängig sein, wenn überhaupt durch die **Qualität** des Erkennens die **Kenntniß** der Dinge selbst bedingt ist. Ist daher das Erkennen **von der causalen Tendenz beherrscht**, dann verlangt es für die aufzubauende Philosophie die Erkenntnißlehre als **ausdrücklich hingestelltes, mit causalem Character versehenes Princip**; daher auch die Erkenntnißlehre an sich selbst als ein Ganzes, welches sich aus einem Ersten in der Weise erbaut, daß es von den nächsten Erzeugnissen zu den unmittelbar darauf folgenden, von diesen zu den entfernteren und fernsten **in stetigem, bedingendem Zusammenhange fortschreitet**; und endlich nicht weniger die Philosophie als ein Ganzes, welches in Behandlung seiner Realitäten die **Causalität** reflectirt. Auf diesem Wege also würde die Erkenntnißlehre zur Vollkommenheit, zu eigener Darstellung gelangen, und sich zugleich als causales Princip der philosophischen Productionen bewähren [1]; — alles dieses im Einklange mit der Wesentendenz der erkenntnißtheoretischen Ansichten der mittelalterlichen Scholastik, bei deren Hauptvertreter (Thomas) einerseits eben das Wesen es ist, welches **durch Kraft Natur wird und als Natur durch Wirken in Vollendung übergeht** [2]; und andrerseits dem menschlichen Intellecte **eine vom**

---

[1] **Princip** ist dasjenige, aus welchem ein Anderes hervorgeht, sei es im Gebiete des Seins oder des Werdens oder des Erkennens, id, a quo aliquid quocumque modo procedit (nach Thomas), oder (nach Aristoteles) id, a quo aliquid aut est, aut fit, aut cognoscitur. Ursache aber ist dasjenige, von dessen Wirken die Existenz eines Anderen abhängt, id, ad quod sequitur aliud, non quocumque modo, sed per influxum et dependentiam, oder, wie sich Thomas auch sonst ausspricht, illud principium ex quo consequitur esse posterioris; id ex cujus esse consequitur aliud. Da die Existenz einer philosophischen Production von einer bestimmten Erkenntnißlehre abhängig ist, so verdient in jedem concreten Falle die Erkenntnißlehre die Bezeichnung eines **causalen Princips**.

[2] Vgl. „Natur und Gnade" von Dr. M. Jos. Scheeben, S. 13—15, besonders die daselbst angeführte Stelle des h. Thomas aus: quaest. disp. de Verbo incarnato, art. 1.: Dicendum quod ad evidentiam hujus quaestionis primo oportet con-

Unvollkommenen zum Vollkommenen fortschreitende Entwicklung im Erkennen, ähnlich der Lebensentwicklung organischer Wesen, zugestanden ist (siehe Note 2, S. 26 unserer Abhdlg). Der causalen Tendenz folgt das Erkennen aber erst in der Neuen Zeit; und so werden wir denn, um die Erkenntnißlehre in ihrem Aufsteigen zu der höheren Stufe der Selbständigkeit zu begleiten, auf den Verlauf, welchen das philosophirende Erkennen in der Neuen Zeit genommen, hingewiesen. Bevor wir auf diesen Verlauf näher eingehen, möge uns erlaubt sein, folgende Worte des h. Thomas, welche nicht nur die Nothwendigkeit der Erkenntniß des Wirkens zur Bestimmung der Natur eines Dinges aussprechen, sondern auch die Grundrichtungen der Causalität bezeichnen, denen, wie uns scheint, die späteren Causalitätssysteme gefolgt sind, der Beachtung zu empfehlen. Rei cujuslibet perfecta cognitio haberi non potest, nisi ejus operatio cognoscatur. Ex modo enim operationis et specie, mensura et qualitas virtutis pensatur. Virtus vero naturam rei monstrat; secundum hoc enim unumquodque natum est operari, quod actu talem naturam sortitur. — Est autem duplex rei operatio, ut Philosophus tradit (Metaphys. XI, text. comm. 16): Una quidem, quae in ipso operante manet et est ipsius operantis perfectio, ut sentire, intelligere et velle; alia vero, quae in exteriorem rem transit, quae est perfectio facti quod per ipsam constituitur, ut calefacere, secare et aedificare (Summ. c. Gent. lib. 2, cap. I.). Auch möchten wir noch aufmerksam machen auf die via generationis, welche Thomas so oft erwähnt und mit Geschick in einzelnen Fällen für das Wirken bald einer causa immanens, bald einer causa transiens zu verwenden weiß. Wenn wir der Ansicht sind, daß es die Augustinisch-Thomistische Erkenntnißlehre ist, welche in dem geschichtlichen Verlaufe zu der Stufe der Selbständigkeit emporsteigen soll, und daß dieselbe eben hierdurch causales Princip der philosophischen Forschungen ihrer Nachzeiten werde; so dürfte man zur Begründung dieser Ansicht von uns etwa die Nachweise erwarten, die Philosophirenden der N. Z. hätten durch eine directe Bezugnahme auf Augustinus

---

siderare quid est natura, Sciendum est ergo quod verbum natura a nascendo sumitur: unde primo dicta est natura quasi nascitura ipsa nativitas viventium scilicet animalium et plantarum. Deinde tractum est nomen natura ad principium dictae nativitatis. Et quia nativitatis hujusmodi principium intrinsecum est, ulterius derivatum est nomen natura ad significandum interius principium motus... Et quia motus naturalis praecipue in generatione terminatur ad essentiam speciei, ulterius essentia speciei, quam significat diffinitio, natura vocatur.

und Thomas deren Erkenntnißlehre zum Princip ihrer philosophischen Bestrebungen erhoben. Damit man sich aber keiner zu hohen Erwartung nach dieser Seite hingebe, bringen wir zum Voraus in Erinnerung, daß die Zeitströmung, in welcher die Philosophie dem causalen Erkennen ergeben war, sich weder der Scholastik hold, noch dem Christenthum freundlich zeigte, daß dieselbe jene sogar gerne beseitigt gesehen hätte, und, im Allgemeinen wenigstens, den Werth der Lehren dieses für die Wissenschaft nicht mehr anerkannte. Eine durchgreifende directe Bezugnahme der Zeitphilosophie auf die philosophischen Leistungen der Scholastik können wir daher nicht in Aussicht nehmen; um so bedeutungsvoller werden dagegen unter solchen Verhältnissen die im ge=schichtlichen Verlaufe selbst hervortretenden, mit den alterthümlichen verwandten Richtungen und Ideen erscheinen müssen; denn sollen diese auch selbstständige Erzeugnisse der Philosophirenden gewesen sein, so müssen sie doch einem Geiste zugeschrieben werden, welcher sich in den betreffenden Punkten der alterthümlichen Richtung conform zeigte; und auf den factisch so gerichteten Geist und nicht darauf, ob die Kenntniß von Augustinus oder Thomas dirigirend gewesen, kommt bei dem Entwicklungsgange alles an. Greifen die grundzüg=lichen Richtungen und Ideen, welche Augustinus und Thomas äußerten, in der Geschichte durch, so sind dieselben ein für allemal die Träger der Geschichte; in ihrer Wiederkehr tritt der erkennende Menschengeist selbst für Augustinus und Thomas ein, wenn sich nicht die allgemeine Verbreitung, welche jene Richtungen und Ideen allmälig gefunden haben, und, in Folge davon, gemeingiltige wissenschaftliche Ansichten als vermittelndes Element darbieten.

II.

Die wesentlichen Theile der Augustinisch-Thomistischen Erkenntnißlehre reflectiren sich in selbständigen Erkenntnißtheorien; — die immanente und die transeunte Causalität werden die Grundzüge der namhaftesten philosophischen Systeme; — die Augustinisch-Thomistische Erkenntniß-lehre als Ganzes ist nächste Zeitaufgabe für uns.

1. Erst seit Bacon v. Verulam schlug die Philosophie der N. Z. eine entschiedene, ein gemeinsames Ziel intendirende Richtung ein. Diese galt der Erforschung der Causalität. Die Wahrnehmung des tiefeingreifenden Einflusses der Entdeckungen und Erfindungen

auf die gesellschaftlichen Verhältnisse und der Gedanke, die Bestimmung der Wissenschaft, dem Menschen Nutzen zu gewähren, trage die Forderung an diese in sich, den zeitgemäßen Interessen gerecht zu werden, regten den Bacon an, dem Erkennen eine Methode zu verschaffen, durch welche dasselbe sich auf zuverlässige Weise der Gesetze, welche die Natur in ihrem Wirken befolge, bemächtige, damit der Mensch in Folge davon sich die Natur wahrhaft dienstbar machen könne. Demnach verlangte Bacon volle Hingabe an die äußere Erfahrung, den Gebrauch des exacten Instrumentes, auf daß die einzelnen Thatsachen, so wie sie in sich selbst seien, ermittelt würden, die Erhebung der wirkenden Ursachen, welche in den fixirten Thatsachen sich äußern, und zum Zwecke dieser Erhebung endlich die Befolgung der Methode der Induction, gemäß welcher man darauf auszugehen habe, von der vorliegenden Thatsache, unter sorgfältiger Beachtung der positiven und negativen Instanzen, jede zufällige Bedingung auszuscheiden, um dadurch zu den wesentlichen Bedingungen, welche allein die Existenz der Thatsache begründen, geführt zu werden, und durch fernere Anwendung der aufgefundenen wesentlichen Bedingung, welche das Naturgesetz enthalte, d. h. durch Deduction zur Erfindung zu gelangen [1]). — Bacon faßte also mit voller theoretischen Ueberlegung zur Verfolgung causalen Zieles in der sinnlichen Erfahrung feste Stellung; er erklärte zudem diese Erfahrung als die Grundlage aller Wissenschaften, und was Aristoteles in ähnlicher Stellung nicht geleistet habe, wollte er durch seine Methode dargebracht wissen, wie er denn auch sein „Neues Organon" dem „Organon" des Aristoteles entgegensetzte. War das Erkennen in dieser Zeit wirklich von causaler Richtung beherrscht, so werden wir weiterhin erwarten dürfen, daß das begonnene erkenntnißtheoretische Verfahren auch die Bedingungen, auf welchen die mit Reflexion erworbene sinnliche Erfahrung beruht, werde in Erwägung gezogen haben. Und in der That sehen wir das erkenntnißtheoretische Unternehmen in dieser Weise fortgesetzt. Locke vergleicht den menschlichen Geist in seinem ursprünglichen Zustande mit einer tabula rasa, in welche zuerst die unter und aus den äußeren Einflüssen durch die Sinneswahrnehmung entstandenen, sodann die aus der Reflexion auf die eingetretenen innern Zustände hervorgehenden Vorstellungen ein-

---

[1]) Nov. Organ. lib. I et II.

gezeichnet werden, so daß durch Sinneswahrnehmung, durch Reflexion auf dieselbe und durch beide zugleich, der leere Verstand allmälig angefüllt und damit demselben das gesammte Materiale zur fernern Bildung von zusammengesetzten Vorstellungen und Begriffen geboten wird. Durch diese Vorstellungen, so lehrt Locke weiter, erlangt der Verstand von den Aeußerungen und Eigenschaften, nicht aber von dem Wesen, der Substanz der Dinge Erkenntniß; weshalb der Begriff von Substanz nur ein Machwerk des Verstandes, welches die Substanz selbst verborgen und unerkannt läßt, sein kann. In ihren Aeußerungen geben die Dinge ihr causales Verhalten zu einander kund; in den körperlichen Gefühlen und den Gesichtsempfindungen bezeugen dieselben die ihnen objectiv zugehörigen Eigenschaften, während der Mensch in seinen übrigen Sensationen nur Eigenschaften, welche die Dinge erst durch die Thätigkeit der Sinnesorgane erhalten, kennen lernt [1]. Berkeley degradirte auch die Gefühls- und Gesichtssensationen zu bloß subjectiven, keine objective Eigenschaft der Dinge vermittelnden Sensationen, so daß der Mensch überhaupt nur um seine eigenen innern Beschaffenheiten wissen kann. Vor Hume, der sich außer Stande sieht, von causalem Wirken als einem Uebersinnlichen einen Sinneseindruck abzuleiten, muß aber auch noch die Causalität als ein von dem Erkennen zu Erreichendes fallen. — Allerdings ein fortlaufender, selbständiger erkenntnißtheoretischer Versuch, der, wie bedauerlich auch sein Hergang gewesen ist, doch seine innere Beziehung zur Vergangenheit nicht verläugnen kann. Unverkennbar kehrt derselbe die äußere Empirie im reflexen menschlichen Erkennen, mit Rücksicht auf die Aristotelischen Leistungen, hervor. Auf sinnliche Erfahrung drangen Alle, welche zu Bacon hielten; in reiner, durch Experiment und beobachtendes Nachdenken geschärfter Fassung der sinnlichen Erfahrung wollte es Bacon dem Aristoteles zuvorthun; und die mit Locke, auf der Grundlage der in ihrer Tiefe nicht untersuchten Aristotelischen Sätze: nichts ist im Intellecte, was nicht zuerst im Sinne war; der Intellect ist ursprünglich tabula rasa, anhebenden Forschungen sollten eben der von Bacon proponirten sinnlichen Erfahrung zur tieferen Begründung dienen; — Unternehmungen, welche man zugleich für reformatorische der scholastischen Wissenschaft hielt, weil man in Aristoteles den Beherrscher der letzteren,

---

[1] Ueber den menschlichen Verstand, Buch II.

und in der an der Erfahrungslehre des Aristoteles ausgeübten Kritik nicht weniger die Kritik der scholastischen Erfahrungslehre erblickte; — aber darum ebensowohl Unternehmungen, welche den sinnlich=empirischen Theil der Aristotelisch=Thomistischen Erkenntnißlehre nach der Seite der Reflexion wieder aufnahmen und, unter der Leitung der causalen Tendenz, demselben sogar noch eine gewisse Vervollkomm= nung — in Untersuchung der Weise, die erfahrungsmäßigen Einzel= heiten zu beobachten, und der Leistungen der Sinnesthätigkeit zur Er= kenntniß der wirklichen Eigenschaften der Dinge —, bereitet haben. Wenn es daher auch Bacon an einer gerechten Würdigung des Aristoteles hatte fehlen lassen [1]), factisch war durch ihn doch ein Hauptmoment der Thomistischen Erkenntnißlehre, die reflexe sinnliche Er= fahrung, Gegenstand der Erforschung und Weiterbildung, und damit jener Erkenntnißlehre eine partielle selbständige Repräsentation zu Theil geworden.

Bald nach dem Hingange Bacon's begann Cartesius seine philosophische Forschungen, welche gleichfalls von der causalen Ten= denz getragen wurden, wie seine Erkenntnißlehre, der wichtigere Theil derselben, auf's bestimmteste bekundet. Gerade das Bestreben, die erste wahre Erkenntniß herauszufinden, um von derselben aus in weiter bedingendem Zusammenhange den ganzen Kreis der Wahrheiten zu gewinnen, führte ihn zu seiner, von der Baconischen sehr verschiedenen, eine neue zuverlässige Methode beabsichtigenden Erkenntnißtheorie. Seine Forschung galt der Causalität in der Erkennt= niß des Wahren. Bei Aufsuchung der Methode ließ er sich von dem Vorhaben leiten, so lange nichts als wahr hinzustellen, als er noch an dem zu Behauptenden zweifeln könne; erst mit der Gewißheit die Wahrheit zuzulassen. Die Existenz der körperlichen Objecte des Er= kennens außer Zweifel zu setzen, fand er sich unvermögend; die im

---

[1]) Uebersicht über d. Aristot. Lehrgbde., S. 35 v. Chr. A. Brandis: „Der Begriff und die Thatsachen sollen (nach Aristoteles) zusammenschlagen, diese ersterem, der Begriff soll letzteren zum Zeugniß dienen (S. 909, 607 vgl. S. 1306, 567); gleichwie wahre ethische Bestimmungen da vollen Glauben finden, wo die Handlungen ihnen entsprechen (S. 1499, 433): Aussprüche, die Lord Bakon, wenn er sie gekannt, wohl hätten nöthigen müssen den als Geistesverwandten anzuerkennen, den er fortwährend mit, man darf sagen, blindem Eifer bechdet. Mit nichten verachtet Aristoteles erfah= rungsmäßige und genaue Beobachtung des Einzelnen (der Erscheinungen); er empfiehlt sie auch da wo wissenschaftliche Auffassung des Allgemeinen noch nicht bezweckt wird (S. 1520, 487 vgl. unten Anm. 61)."

Denken, d. h. im Bewußtsein, sich aussprechende Existenz des eigenen Wesens sah er aber über allen Zweifel erhaben, weil er selbst im Zweifel begriffen seiner als Denkenden, und somit der Existenz seiner gewiß war. "Cogito ergo sum": der sich Denkende hat die innere Intuition, daß er nicht denken könne, ohne zu sein; und diese Intuition ist eine klare und deutliche, eine evidente Erkenntniß, welche dem Selbstbewußtsein Gewißheit und W a h r h e i t verleiht. Da Cartesius zur Gewißheit des eigenen Seins durch vorhergehende Ausscheidung des Körperlichen gelangt war, so erschien es ihm evident, daß jenes kein Körperliches, sondern ein von dem Materiellen unabhängig und für sich Existirendes, daß es bloße d e n k e n d e S u b s t a n z, Geist sei. Wie evident und gewiß dem Cartesius nun die Erkenntniß seines eigenen Seins war, so evident und gewiß fand derselbe auch folgende G r u n d s ä t z e (veritates aeternae): es ist unmöglich, daß etwas zugleich sei und nicht sei; aus Nichts wird Nichts, d. h. die Wirkung hat eine Ursache, und letztre enthält entweder eben so viel, oder mehr als die erstre; die Ursache einer größeren Wirkung kann auch die Ursache einer geringeren Wirkung sein. Diese Grundsätze sollen nicht aus der Erfahrung abstrahirt, sondern dem Verstande angeboren sein. Der Geist habe aber auch noch außerdem Vorstellungen oder Ideen, d. h. geistige Bilder und Begriffe, in welchen bald ein vollständiges Sein, wie Substanz, bald ein unvollständiges, wie Accidenz, vorgestellt werde; solcher Inhalt mache die innre Realität der Ideen aus. Bringt nun Cartesius jene Grundsätze auf diese Ideen in Anwendung, so ergibt sich ihm mit Evidenz, daß der Geist wohl U r s a c h e von der Idee eines Accidenz sein könne, weil derselbe mehr als ein Accidenz, eine Substanz sei; auch gar von der Idee einer Substanz, weil er als Substanz doch wenigstens ebensoviel Realität innehabe; nicht aber von der Idee einer unendlichen Substanz, weil der Geist nur endliche, beschränkte, nämlich bloß denkende Substanz sei. Letztre Idee müsse somit von einer außer dem Geiste befindlichen Ursache herrühren, von einem unendlichen Wesen, welches sich in jener Idee von einer unendlichen Substanz bezeuge, welches also auch existire. Diese Idee, die Idee von Gott als dem vollkommensten Wesen, hält Cartesius gleichfalls für eine dem Geiste angeschaffene. Derselben sei es eigenthümlich, die Existenz als eine nothwendige, also mit dem Wesen selbst identische zu enthalten, während im Begriffe des endlichen Wesens die Existenz als eine bloß mögliche und zufällige gesetzt sei. Was aber dem Begriffe eines Dinges evident angehöre, gelte dem Dinge selbst und sei wahr.

Habe das Endliche die Existenz nicht in sich, so müsse es dieselbe von Gott, dem Seienden erhalten haben. Die gewisse Erkenntniß des existirenden Gottes verhilft dem Cartesius zur Vollendung seiner Erkenntniß= theorie. Gott ist als das vollkommenste Wesen absolut wahrhaft; es kann also von ihm keine Täuschung ausgehen; mithin muß das von ihm geschaffene Erkenntnißvermögen des Geistes, wenn es seinen Gegen= stand ergreift und klar und deutlich erkennt, diesen Gegenstand in Wahr= heit ergreifen; es muß nicht weniger auch das sinnliche Anschauen auf wirklich vorhandene körperliche Dinge gerichtet sein, insofern dasselbe gemäß seiner natürlichen Beschaffenheit auf solche hinweist. Der Irr= thum hat einzig darin seinen Grund, daß der Mensch mit seinem unbeschränkten Willen auch dasjenige, wovon er mit seinem beschränkten Verstande keine klare und deutliche Erkenntniß hat, im Urtheil bejaht oder verneint. In Gott erfreut sich also Cartesius des Grundes für die Wahrheit des sinnlichen Erkennens und der höchsten Besiegelung der Wahrheit im geistigen. Uebrigens verwarnt er vor dem Unter= nehmen, die Naturwelt aus göttlichen Endursachen erklären zu wollen, weil wir uns nicht anmaßen dürften, zu meinen, wir könnten in die Absichten Gottes eindringen; wir sollten uns vielmehr bescheiden, nach den göttlichen Eigenschaften, die unsrem natürlichen Erkenntnißlichte zugänglich seien, die sinnfälligen Dinge als Wirkungen aus Gott, als wirkender Ursache, herzuleiten [1]). Demgemäß ist das menschliche Er= kennen wahr, weil das Erkenntnißvermögen des Menschen von Gott, dem Wahrhaften, verliehen worden, und nicht auch deshalb, weil jenes Erkennen mit seiner Wahrheit ein Aehnliches von Gott, dem Erkennenden, und von der göttlichen Wahrheit ist, so daß gesagt werden könnte, der Mensch erkenne in göttlicher Wahrheit, in Gott. Nach Cartesius soll man ja nicht von Endursachen, also auch nicht von Ideen in Gott sprechen. Diesen beengten Gesichtskreis überschritt Malebranche, jedoch auf eine maaßlose Weise, indem derselbe, unter mannigfacher Berufung auf den h. Augustinus, das mensch= liche Erkennen für ein schon im diesseitigen Leben in Gott selbst stattfindendes gehalten wissen wollte. Malebranche nämlich, der mit Cartesius den schroffen Gegensatz zwischen Geist und Materie behauptete, schloß eben aus dieser Gegensätzlichkeit, der Geist könne aus sich die Idee der Ausdehnung und somit auch der sonstigen Qualitäten der

---

[1]) Princip. phil. pars I, et: De Methodo.

letztren, nicht gewinnen; und aus der Beschränktheit der Geister, der einzelne Geist werde es aus sich nur zu besonderen Vorstellungen seiner selbst, nicht aber zu universellen Erkenntnissen bringen müssen. Dies war ihm zuhöchst Grund zu der Folgerung, die Geister hätten die Ideen, d. h. die Vorstellungen von dem Wesen der Naturdinge empfangen. Den körperlichen Dingen konnte er aber keine Ideen, welche den Geistern mitzutheilen seien, zuschreiben, weil jene nur Körperliches in sich tragen und aus sich hervorgehen lassen können; er mußte somit die Ideen in Gott ansetzen. Da nun die Geister durch eben diese Ideen das Wesen der Dinge erkennen sollen, so nahm Malebranche an, die Geister erkännten die Dinge in Gott; Gott sei der Ort der Geister, die Welt der Ideen und das Licht der Geister, d. h. das allgemeine Denken, welches die einzelnen Geister erleuchte. Gott werde unmittelbar geschaut; die Naturdinge würden durch die göttlichen Ideen erkannt; sich selbst aber sollen die Geister durch ihr Selbstgefühl, und die Seelen Anderer nur durch Vermuthung erkennen [1]). — Vergleichen wir die Cartesianische, durch Malebranche fortgebildete Erkenntnißtheorie mit der Augustinisch-Thomistischen Erkenntnißlehre; so stellen sich auffallende Berührungspunkte zwischen beiden heraus. Cartesius zieht das Erkennen unter dem Gesichtspunkte der Wahrheit in Betracht; und derselbe Gesichtspunkt leitet Augustinus bei seiner Erforschung des Erkennens. Thomas hebt das Urtheil als den Act, in welchem die Erkenntniß der Wahrheit sich geltend mache, hervor; und in dem Urtheile „cogito ergo sum" = ego sum cogitans will Cartesius die erste Wahrheit ergriffen haben, wie er auch den Irrthum allein im Urtheil erzeugt werden läßt. Augustinus zufolge gelangt der in Begründung der Selbsterkenntniß rathlose Mensch erst zur entscheidenden Erkenntniß des Grundes seines Wissens um seine Existenz, wenn für dessen Reflexion die Thatsache des Bewußtseins, daß er denke, wachgerufen wird; ein solcher weiß sodann, daß er ist, weil er weiß, daß er denkt [2]). Der zweifelnde Cartesius bringt erst, nachdem sich seinem Bewußtsein die Thatsache, daß er denke, als unläugbare aufgenöthigt hat, zur Erkenntniß der Gewißheit um seine Existenz vor. Augustinus verlangt Einkehr der Seele in sich selbst, damit sie in sich die Wahrheit von Anderem finde, ohne jedoch

---

[1]) De la recherche de la verité, liv. III, 1. part., chap. 1 & 2; 2. part., chap. 1 7.

[2]) Soliloq. lib. 2, cap. 1.

letztre in ihrer Verwandtschaft mit den Erkenntnißzuständen näher zu bezeichnen. Thomas spricht in näherer Bestimmung Wahrheits= principien der Seele zu, durch welche dieselbe der Wahrheit über Anderes theilhaft werde; und Cartesius fixirt wahre Grundsätze im Geiste, um mittelst derselben die übrigen Realitäten zu erkennen. Unter diesen Grundsätzen wieder finden sich mehre, welche wir auch bei Thomas antreffen. Aus den Wirkungen will Thomas das Dasein Gottes erkannt haben; aus der Idee des Geistes von dem unendlichen Wesen als Wirkung schließt Cartesius auf das dieselbe verursachende und deßhalb existirende unendliche Wesen. Wenn auch Thomas nicht schon die bloße Idee von dem vollkommensten Wesen zur Begründung der Erkenntniß von der Realität Gottes für zu= reichend hält; so weiß doch er ebensowohl, als Cartesius, daß in Gott Wesen und Existenz identisch sind, und daß von der Sache gelten soll, was im Begriffe dieser ein nothwendiges Merkmal ist. Weiterhin stimmt Thomas mit Cartesius darin zusammen, daß zur Vollendung der Erkenntniß der Wahrheit auf Gott zurückgegangen werden müsse; und mit Malebranche, daß in Gott Ideen sind, durch welche wir der Wahrheit theilhaft werden. An Augustinus endlich schließt sich Malebranche in Betreff der Schauung Gottes und der Wahr= heit in Gott, geradezu an, indem letzterer jenen so verstehen zu müssen glaubt, als behaupte dieser eine Schauung der göttlichen Substanz. Wie ansehnlich nun auch die Uebereinstimmung der Cartesianisch= Malebranche'schen Erkenntnißlehre mit der Augustinisch=Thomistischen erscheint, dieselbe bleibt doch immer nur eine Uebereinstimmung in Grundzügen, welche zudem noch nur in jenem Theile der Augusti= nisch=Thomistischen Erkenntnißlehre aufgesucht werden dürfen, welcher die betrachtende Reflexion über den menschlichen Geist, dessen Ideen und principiellen Erkenntnisse enthält und die Specu= lation einleitet; denn die Erkenntnißlehre des Cartesius, welche mit dem betrachtend reflectirenden Zweifel an allem durch das ursprüng= liche Bewußtsein Geleisteten beginnt, findet sich nur im Stande, einen positiven Ausgang zur wahren Erkenntniß der Dinge von dem zu nehmen, was in dem betrachtenden Reflexionsacte selbst als Thatsächliches geboten ist, um von hier aus, in Betrachtung der Ideen und principiellen Erkenntnisse des Geistes, eine Genesis des wahren Erkennens der Dinge zu bewerkstelligen. Aber eben darum, weil die Cartesianisch=Malebranche'sche Erkenntnißlehre nicht, wie die

Auguſtiniſch-Thomiſtiſche, im wenigſtens unterſtellten bedingten Zuſammenhange mit dem urſprünglichen menſchlichen Erkennen ausgeführt iſt, können auch ſelbſt oben genannte Grundzüge beider Erkenntnißlehren nicht in voller Uebereinſtimmung mit einander ſtehen. Jedenfalls iſt es jedoch ein Haupttheil der Auguſtiniſch-Thomiſtiſchen Erkenntnißlehre — der über den menſchlichen Geiſt, deſſen Ideen und principiellen Erkenntniſſe betrachtend reflectirende und die Speculation einleitende —, welcher, wenn auch in getrübter Weiſe, bei Carteſius und Malebranche ſelbſtändige Darſtellung erlangt hat.

Ein principiell neuer erkenntnißtheoretiſcher Verſuch wurde nur erſt wieder von Kant unternommen, der die Metaphyſik aus dem Zuſtande der Wiſſenſchaftsloſigkeit, welchem dieſelbe bis dahin anheimgegeben geweſen ſei, befreien wollte und durch eine Kritik befreien zu können glaubte, welche, an dem Erkennen mit Genauigkeit vollzogen, das Bewußtſein um die Macht und den Umfang des letztren erzeugen und dadurch der Metaphyſik die nöthigen Mittel an die Hand geben werde, eine Wiſſenſchaft für ſich zu repräſentiren. Jene Kritik beginnt, entſprechend dem immer mehr ſich vertiefenden cauſalen Verfahren, mit dem wirklichen Anfange des Erkennens. Das ſinnliche Wahrnehmungsvermögen iſt thätig als äußerer und innerer Sinn: durch jenen ſtellen wir uns die Dinge außer uns im Raume vor, durch dieſen erfahren wir unſre innern Zuſtände als vorſichgehend in der Zeit. Das Wahrnehmungsvermögen gelangt zur Thätigkeit, nachdem dasſelbe von außenher afficirt worden iſt. Die Affection beſteht in der Empfindung und iſt als ſolche die Materie für die Formen des Raumes und der Zeit, welche aprioriſcher Natur, d. h. jenem Vermögen an ſich eigenthümlich ſind und die Empfindung zu einer Erſcheinung geſtalten, in welcher das äußere Ding als räumliches vorgeſtellt wird. Die ſo entſtandene Vorſtellung hat objectiven Character in dem Sinne, daß ſie auf einen äußern Gegenſtand gerichtet iſt, nicht aber auch in dem, als repräſentire ſie den äußern Gegenſtand nach ſeiner Beſchaffenheit; denn was der Gegenſtand an ſich iſt, läßt die Vorſtellung unerkannt, weil ſie nur die Formen und Beſchaffenheiten des Wahrnehmungsvermögens ausdrückt. Die einzelnen Sinnesvorſtellungen werden durch die vom Verſtande geleitete Einbildungskraft unter irgend einer gleichfalls aprioriſchen, aber nicht rein für ſich hervortretenden Rückſicht zuſammengebracht und geeinigt. Durch dieſe Thätigkeit bereitet der Verſtand diejenige vor, in welcher er die gesammelten Sinnesvorstellungen unter ganz distincte Gesichtspunkte, apriorische Begriffe, bringt und in diesen jene ganz entschieden einigt, zu dem Zwecke, um die Erscheinungen der äußern Dinge weiter zu bestimmen und die sinnliche Erfahrung zu vollenden. Kant ist außerordentlich bemüht, jene dem Verstande a priori inwohnenden und reinen Begriffe genau zu fixiren, den Hergang der Einigung und den Zusammenhang dieser Begriffe mit den Sinnesvorstellungen darzulegen. „Wir wollen diese Begriffe, nach dem Aristoteles, Categorien nennen, sagt Kant, indem unsre Absicht uranfänglich mit der seinigen zwar einerley ist, ob sie sich gleich davon in der Ausführung gar sehr entfernet¹)." „Es war, sagt Kant bald nachher, ein eines scharfsinnigen Mannes würdiger Anschlag des Aristoteles, diese Grundbegriffe aufzusuchen. Da er aber kein Principium hatte, so raffte er sie auf, wie sie ihm aufstießen, und trieb deren zuerst zehn auf, die er Categorien (Prädicamente) nannte. In der Folge glaubte er noch ihrer fünfe aufgefunden zu haben, die er unter dem Namen der Postprädicamente hinzufügte. Allein seine Tafel blieb noch immer mangelhaft. Außerdem finden sich auch einige modi der reinen Sinnlichkeit darunter (quando, ubi, situs, imgleichen prius, simul), auch ein empirischer (motus), die in dieses Stammregister des Verstandes gar nicht gehören, oder es sind auch die abgeleiteten Begriffe mit unter die Urbegriffe gezählt (actio, passio), und an einigen der letztern fehlt es gänzlich²). Das Verzeichniß aller reinen Stammbegriffe des Verstandes nennt die Kategorien der Quantität (Einheit, Vielheit, Allheit), der Qualität (Realität, Negation, Limitation), der Relation (Inhärenz und Subsistenz, Causalität und Dependenz, der Gemeinschaft), der Modalität (Möglichkeit — Unmöglichkeit, Dasein — Nichtsein, Nothwendigkeit — Zufälligkeit). Als erstes der Momente, welche bei der Einigung der Sinnesvorstellungen in den Kategorien vorkommen sollen, ist die synthetische Einheit der Apperception anzusehen. Zu jedem einzelnen Anschauungsacte tritt nämlich das Selbstbewußtsein (Apperception) hinzu, in welchem der Anschauungsact in's Ich aufgenommen wird (sehen ist der Anschauungsact, ich sehe die Apperception); alle Apperceptionen aber werden in Einem Ich vereinigt, und diese Einheit ist die synthetische Einheit der Apperception, durch welche zugleich alle

---

¹) Critik der reinen Vernunft; Neueste Aufl., 1794, S. 105.
²) Daselbst S. 107.

einzelnen Anschauungsacte in's Eine Ich aufgenommen werden. Das zweite Moment ist die **objective Einheit der Apperception.** Dadurch nämlich, daß das Mannigfaltige der Anschauungen in das Eine Ich aufgenommen wurde, ward dasselbe den eigenthümlichen Formen dieses Ich (des Verstandes) unterworfen, wodurch hinwieder diese Formen die Beziehung auf jenes dem Objecte geltende Mannigfaltige und darum selbst objectiven Character erhielten. Die Aufnahme des Mannigfaltigen in die Formen des Verstandes ist Einigung; diese Einigung, wie eben gezeigt, eine objective und zwar in der Apperception, weil in der Apperception der synthetischen Einheit. Die Handlung, in welcher sich die objective Einigung vollzieht, ist das **Urtheil,** in welchem das Einzelne dem empirischen Begriff, und jenes und dieser der Kategorie untergeben erscheint. Das dritte Moment besteht in dem reinen, **apriorischen Schema.** Die Beziehung der Kategorien nämlich auf das Empirische kann nicht unmittelbar stattfinden, weil in dem letztren das, was durch die Kategorien gedacht wird, nicht enthalten ist, und nicht gesagt werden darf, der Gegenstand stehe unter einem Begriffe, wenn beide ihrem Inhalte nach auseinander gehen. Die Causalität z. B. wird nicht von den Sinnen wahrgenommen; das sinnliche Vorstellen enthält somit auch nichts der Causalität Bezügliches. Die Vermittlung nun zwischen den Kategorien und dem Empirischen wird durch ein eigenes apriorisches Schema, welches die Einbildungskraft für die reinen Verstandesbegriffe producirt, eingeführt. Auch der rein sinnliche Begriff ist mit der Sinnesanschauung durch ein Schema vermittelt: letztre als Bild erscheint jenem als Allgemeinem nicht adäquat, während das Schema in diesem Falle eine gewisse Allgemeinheit und Anschaulichkeit hat, und darum den Begriff zu dem Bilde überleiten kann. Die Kategorien aber, welche die sinnlichen Begriffe übersteigen, erfordern Schemate, welche allgemein sind und nichts Sinnliches mehr an sich haben; diese können sich somit dem Empirischen nur von Seite der Form der Zeit, welche dem zum Wahrnehmungsvermögen gehörenden innern Sinne eignet, zuneigen. Daher sind zur Vermittlung der Beziehung der Kategorien auf's Empirische Schemate erforderlich, welche Zeitbestimmungen enthalten. In der Zeitbestimmung sind sodann die Schemate den Kategorien und den sinnlichen Anschauungen gleichartig: jenen, denn die Zeitbestimmung besitzt Allgemeinheit, beruht auf einer apriorischen Regel; diesen, denn die Zeit kommt in den Anschauungen vor. Das Schema der Kategorien der Quantität deutet auf die Zeitreihe, das der Kategorien der Qualität auf den Zeitinhalt, das Schema der Relationskategorien auf die Zeitordnung, und das der Modalitätskategorien auf den Zeitinbegriff. Da diese Schemate, die unerläßliche Bedingungen für die Beziehung der Kategorien auf Dinge, dem Empirischen zuführen; so kann der wahre Erkenntnißgebrauch der Kategorien nur ein empirischer sein; dieselben dienen zur durchgängigen Verknüpfung in einer Erfahrung. — Der reine Verstand ist aber auch noch im Besitze von Grund=sätzen, welche Regeln für den objectiven Gebrauch der Kategorien sind. Dieselben lauten: 1) Alle Anschauungen sind extensive Größen; 2) in allen Erscheinungen hat das Reale, welches ein Gegenstand der Empfindung ist, intensive Größe, d. i. einen Grad; 3) Erfahrung ist nur durch die Vorstellung einer nothwendigen Verknüpfung der Wahrnehmungen möglich. Dieser Grundsatz enthält folgende drei: der Beharrlichkeit der Substanz, der Zeitfolge nach dem Gesetze der Causalität, des Zugleichseins nach dem Gesetze der Wechselwirkung oder Gemeinschaft. 4) Als Postulate des empirischen Denkens überhaupt: was mit den formalen Bedingungen der Erfahrung (der Anschauung und den Begriffen) übereinkommt, ist möglich, — was mit den materialen Bedingungen der Erfahrung (der Empfindung) zusammenhängt, ist wirklich, — dasjenige, dessen Zusammenhang mit dem Wirklichen nach allgemeinen Bedingungen der Erfahrung bestimmt ist, existirt nothwendig. Diese Grundsätze sind nicht allein a priori wahr, „sondern sogar der Quell aller Wahrheit, d. h. der Uebereinstimmung unserer Erkenntniß mit Objecten dadurch, daß sie den Grund der Möglichkeit der Erfahrung, als des Inbegriffs aller Erkenntniß, darin uns Objecte gegeben werden mögen, in sich enthalten." Von allen seinen Grundsätzen und Begriffen darf der Verstand keinen anderen, als **empirischen** Gebrauch machen; ein transcendentaler Gebrauch, wobei die **Dinge überhaupt oder an sich selbst** betrachtet werden, ist unzulässig. Der Verstand kann a priori nichts anderes leisten, als die Form einer möglichen Erfahrung überhaupt anticipiren; die Schranken der Sinnlichkeit, innerhalb welcher allein uns Gegenstände gegeben werden, vermag derselbe nicht zu überschreiten. — Von dem Erkennen des Verstandes ist wohl zu unterscheiden — **das Denken der Vernunft**; dem Verstande gehören die Kategorien an, der Vernunft **die Ideen**; jene treten im Urtheile hervor, diese in den mittelbaren Schlüssen; erstere haben ihren Gegenstand in der Erfahrung, letztren kann kein entsprechender Gegenstand in den Sinnen gegeben werden; die Vernunftideen beziehen sich wohl auf den Gebrauch des Verstandes, aber **nicht** zu objectivem Zwecke, sondern um demselben die Richtung der Vernunfteinheit vorzuschreiben. „Plato bediente sich des Ausdrucks Idee so, daß man wohl sieht, er habe darunter etwas verstanden, was nicht allein niemals von den Sinnen entlehnt wird, sondern welches sogar die Begriffe des Verstandes, mit denen sich Aristoteles beschäftigte, weit übersteigt, indem in der Erfahrung niemals etwas damit Congruirendes angetroffen wird. Die Ideen sind bei ihm Urbilder der Dinge selbst, und nicht bloß Schlüssel zu möglichen Erfahrungen, wie die Categorien." Ich verstehe unter der Idee, sagt Kant, einen nothwendigen Vernunftbegriff, dem kein congruirender Gegenstand in den Sinnen gegeben werden kann [1]). Er unterscheidet aber die speculativen Ideen von den practischen. Letztre sind die Muster des Sittlichen und „wirkende Ursachen der Handlungen und ihrer Gegenstände"; erstre bewegen den Verstand zwar auch zu Acten, bewirken aber nur die Einheit dieser Acte und führen nicht auch zu einer realen Einheit hinüber. Der Obersatz eines mittelbaren Schlusses nämlich ist ein Princip für die demselben untergeordneten Erkenntnisse und bedingt die Conclusion. Man kann aber zu der Conclusion nur unter der Voraussetzung, daß mit dem Princip **alle bedingenden Gründe** gegeben sind, gelangen; denn andernfalls ist das Urtheil der Conclusion a priori nicht möglich. Die Vernunft ist demnach a priori auf **die Totalität der Bedingungen** (der bedingenden Gründe) oder, „da das **Unbedingte** allein die Totalität der Bedingungen möglich macht, und umgekehrt die Totalität der Bedingungen jederzeit selbst unbedingt ist", auf das **Unbedingte** hingewiesen, und es kann ihr reiner Begriff durch den Begriff des Unbedingten erklärt werden. Für die drei Arten der Vernunftschlüsse (die kategorische, hypothetische und disjunctive Schlußweise) besitzt die Vernunft drei Begriffe von Unbedingtem: eines **Subjectes**, welches selbst nicht mehr Prädikat ist; einer **Voraussetzung**, die nichts weiter voraussetzt; eines **Aggregates** der Glieder der Eintheilung, durch welches die Eintheilung des Begriffes vollendet ist. Beachtet man nun, daß unsre Erkenntnisse eine dreifache Beziehung haben: auf das denkende Subject, auf die Erscheinungen und die Gegenstände des Denkens überhaupt; so lassen

---

[1]) Daselbst S. 383.

sich alle Vernunftbegriffe unter drei Klassen bringen: die erste enthält die unbedingte Einheit des denkenden Subjectes, die zweite die absolute Einheit der Reihe der Bedingungen der Erscheinung, die dritte die absolute Einheit der Bedingungen aller Gegenstände des Denkens überhaupt. „Das denkende Subject ist der Gegenstand der **Psychologie**, der Inbegriff aller Erscheinungen (die Welt) der Gegenstand der **Cosmologie**, und das Ding, welches die oberste Bedingung der Möglichkeit von allem, was gedacht werden kann, enthält, (das Wesen aller Wesen) der Gegenstand der **Theologie**. Also gibt die reine Vernunft die Idee zu einer transzcendentalen Seelenlehre (psychologia rationalis), zu einer transzcendentalen Weltwissenschaft (cosmologia rationalis), endlich auch zu einer transzcendentalen Gotteserkenntniß (theologia transscendentalis) an die Hand." In dieser Weise werden die Kategorien des Verstandes wohl unter Vernunftideen geeinigt; an Realität gewinnen dieselben dadurch doch nicht, weil den Ideen entsprechende Einheiten in der Erfahrung nie aufzuweisen sind. Es ist dem Menschen, selbst durch seine Natur, nahe gelegt, solche gedachte Einheiten für reale zu halten; allein er begeht alsdann Paralogismen bezüglich des denkenden Subjectes, verwickelt sich in Antinomien (Widerstreit der Gesetze der reinen Vernunft) rücksichtlich des Inbegriffs aller Erscheinungen, und versteigt sich hinsichtlich der obersten Bedingung der Möglichkeit von Allem, was gedacht werden kann, zu dem Ideale entis realissimi, welches wegen seiner durchgängigen Bestimmung als ein existirendes Wesen angesehen wird, während doch die Vernunft nur die transcendente Idee aufzustellen intendirte. Gibt es nun schon von dem Standpunkte des Verstandes, dessen Grundsätze bloß Principien der Exposition der Erscheinungen sind, keine Ontologie, welche von den Dingen **überhaupt** synthetische Erkenntnisse a priori verschaffen könnte; so gibt es ferner von dem Standpunkte der Vernunft, deren Ideen keinen objectiven Gebrauch zulassen, keine rationale Psychologie, Kosmologie und Theologie im realen Sinne der bisherigen Metaphysik [1]). Erst im Interesse der **praktischen Vernunft** sieht sich Kant genöthigt, objective Realität der Vernunftidee zuzugestehen. „Der Begriff der Freyheit, so fern dessen Realität durch ein apodictisches Gesetz der praktischen Vernunft bewiesen ist, macht nun den **Schlußstein** von dem ganzen Gebäude eines Systems der reinen,

---

[1]) Critik der reinen Vernunft, Elementarlehre I. u. II. Theil.

selbst der speculativen, Vernunft aus, und alle andere Begriffe (die von Gott und Unsterblichkeit), welche, als bloße Ideen, in dieser ohne Haltung bleiben, schließen sich nun an ihn an, und bekommen mit ihm und durch ihn Bestand und objective Realität, d. i., die **Möglichkeit** derselben wird dadurch **bewiesen**, daß Freyheit wirklich ist; denn diese Idee offenbaret sich durch's moralische Gesetz. — Freyheit ist aber auch die einzige unter allen Ideen der spec. Vernunft, wovon wir die Möglichkeit a priori **wissen**, ohne sie doch einzusehen, weil sie die Bedingung des moralischen Gesetzes ist, welches wir wissen. Die Ideen von **Gott** und **Unsterblichkeit** sind aber nicht Bedingungen des moralischen Gesetzes, sondern nur Bedingungen des nothwendigen Objects eines durch dieses Gesetz bestimmten Willens, d. i. des bloß praktischen Gebrauchs unserer reinen Vernunft; also können wir von jenen Ideen auch, ich will nicht bloß sagen, nicht die Wirklichkeit, sondern auch nicht einmal die Möglichkeit zu **erkennen** und **einzusehen** behaupten. Gleichwohl aber sind sie die Bedingungen der Anwendung des moralisch bestimmten Willens auf sein ihm a priori gegebenes Object (das höchste Gut). Folglich kann und muß ihre Möglichkeit in dieser praktischen Beziehung **angenommen werden**, ohne sie doch theoretisch zu erkennen und einzusehen [1].“ — — Die ganze Erkenntnißtheorie Kant's ist von der Tendenz nach **Sinneserfahrung** durchdrungen; sie legt jedoch auf den **Ursprung** der letzteren das meiste Gewicht; denn mit Rücksicht auf die **Gestaltung** der Empirie bestimmt sie die Natur des Wahrnehmungsvermögens, der Einbildungskraft und des Verstandes; an der Betheiligung bei dieser Gestaltung bemißt sie den (im Sinne Kant's) objectiven Character der Vermögen; und die Vernunft muß ihr zufolge auf Objectivität ihrer Thätigkeit, auf Erkennen, verzichten und sich mit bloßem Denken begnügen, weil dieselbe zu jener Gestaltung nichts beiträgt und aus der gestalteten Erfahrung für ihre Ideen keine Realität beziehen kann. Zur Begründung des Ursprunges der Empirie wird aber der absichtlichen Reflexion kein begründender Einfluß zugeschrieben, sondern nur der **elementaren** apriorischen Formen des Wahrnehmungsvermögens, der Einbildungskraft und des Verstandes gedacht; das Urtheil, in welchem die Kategorien hervortreten sollen, erscheint nur als eine elementare Thätigkeit bei der Gestaltung der Erfahrung, und die

---

[1] Critik der praktischen Vernunft, 5. Aufl., S. 4—6.

Grundsätze, welche die Regeln für den objectiven Gebrauch der Kategorien mittelst Reflexion sind, ergeben sich nur erst auf dem Fundamente der gestalteten Erfahrung und verlangen im letzten Grunde nichts anderes, als daß das reflexe Erkennen in Uebereinstimmung mit dem ursprünglichen Erkennen von Statten gehen soll. Kurz, die ursprüngliche Sinneserfahrung ist Kant die eigentliche Sinneserfahrung, und darum die Aufhellung der durch Naturthätigkeit der Vermögen herbeigeführten Sinneserfahrung wesentlich die Aufgabe der Kant'schen Erkenntnißtheorie. Freilich ist Kant dieser Aufgabe ein bedeutender Schuldner geblieben. Der von vornherein intendirte Apriorismus[1]) ließ ihn zu einer umsichtigen Erfassung und Analyse der Thatsachen des Bewußtseins nicht vordringen, und so ist ihm verborgen geblieben, daß sich der erste Erkenntnißact seitens des Intellects in einem Urtheile vollzieht, wodurch die Realität seiner Wesensidee, und zwar für ein Individuum, ausgesprochen wird; daß sich an diesen Urtheilsact ein anderer anreiht, welcher die Wirklichkeit des jenes Erkennen ausführenden Wesens kund macht; und daß diesen Geistesacten noch andere unwillkürliche nachfolgen, in welchen die Realität der Eigenthümlichkeiten, der Accidenzen und Relationen des Wesens erkannt werden. Ungeachtet dessen hat die Erkenntnißtheorie Kant's immer noch so viel aus dem ursprünglichen Erfahrungserkennen aufgegriffen, daß sich eine Relation zwischen ihr und der Thomistischen Erkenntnißlehre nicht in Abrede stellen läßt. Kant selbst setzt sich in Bezug zu Aristoteles und damit zur Scholastik, wenn er die reinen Verstandesbegriffe nach Aristoteles Kategorien nennt und beifügt, daß seine Absicht uranfänglich mit der des Aristoteles einerlei sei. Wie Aristoteles so geht auch Kant von der Sinneswahrnehmung, als dem wirklichen Anfange des menschlichen Erkennens, aus und bedient sich bei der Analyse der Anschauung, zur Bezeichnung der Elemente derselben, Ausdrücke, die von Aristoteles zuerst in Anwendung gebracht worden sind, der Ausdrücke „Materie" und „Form". Unter seinen Kategorien

---

[1]) „Bisher nahm man an, alle unsere Erkenntniß müsse sich nach den Gegenständen richten; aber alle Versuche über sie a priori etwas durch Begriffe auszumachen, wodurch unsere Erkenntniß erweitert würde, gingen unter dieser Voraussetzung zu nichte. Man versuche es daher einmal, ob wir nicht in den Aufgaben der Metaphysik damit besser fortkommen, daß wir annehmen, die Gegenstände müssen sich nach unserm Erkenntniß richten, welches so schon besser mit der verlangten Möglichkeit einer Erkenntniß derselben a priori zusammenstimmt, die über Gegenstände, ehe sie uns gegeben werden, etwas festsetzen soll." Critik d. reinen Vst., S. XVI.

führt Kant auch Aristotelische auf. Erfahrung ist ihm, wie dem Aristoteles, eine Ansammlung einzelner Sinneswahrnehmungen zu einem Ganzen. Die Aristotelisch-Thomistische Erkenntnißlehre hatte schon die Naturdinge als das eigenthümliche Object der menschlichen Erkenntniß hingestellt, auch ein Fortschreiten des Erkennens von der Vielheit der einzelnen Sinneswahrnehmungen zu deren Einheit in den Begriffen, und eine Inclination der Begriffe zu den Bildern der Einbildungskraft entdeckt. Wer liest folgende Stelle in Kant's Critik d. reinen V., S. 300: „Daß dieses aber auch der Fall mit allen Categorien und den daraus gesponnenen Grundsätzen sey, erhellet auch daraus: daß wir so gar keine einzige derselben real definiren, d. i. die Möglichkeit ihres Objects verständlich machen können, ohne uns sofort zu Bedingungen der Sinnlichkeit, mithin der Form der Erscheinungen, herabzulassen, als auf welche, als ihre einzige Gegenstände, sie folglich eingeschränkt sein müssen, weil, wenn man diese Bedingung wegnimmt, alle Bedeutung, d. i. Beziehung auf's Object, wegfällt, und man durch kein Beyspiel sich selbst faßlich machen kann, was unter dergleichen Begriffe denn eigentlich für ein Ding gemeint sey." — und wird nicht wenigstens erinnert an jene Worte des h. Thomas in Sum. theol. Par. I, qu. 84, art. 7, resp.: Secundo quia hoc quilibet in se ipso experiri potest, quod quando aliquis conatur aliquid intelligere, format sibi aliqua phantasmata per modum exemplorum, in quibus quasi inspiciat quod intelligere studet (S. 20, Note 1 unsr. Abhdl.). Endlich bezeichnet Kant „die Grundsätze" als „Quell aller Wahrheit", und den Obersatz des mittelbaren Schlusses als Princip für die demselben untergeordneten Erkenntnisse; und nach der Aristotelisch-Thomistischen Erkenntnißlehre sind die principiellen Erkenntnisse die Vermittler der Wahrheit in den Urtheilen über die Naturdinge, und der Obersatz des Syllogismus das Princip für die aufzufindende Erkenntniß. — Da nun aber die ganze Erkenntnißtheorie Kant's sich nur um die ursprüngliche Sinneserfahrung bewegt, so kann in jener doch nicht mehr als ein Versuch selbständiger Darstellung des ersten Hauptmomentes der Augustinisch-Thomistischen Erkenntnißlehre anerkannt werden. —

2. Die Andeutungen der vorstehenden Nummer geben uns, wie uns dünkt, hinreichenden Grund zu der Ueberzeugung, daß die Augustinisch-Thomistische Erkenntnißlehre wenigstens nach den Hauptmomenten ihres empirischen und speculativen Theiles in selbständigen

Erkenntnißtheorien der Neuen Zeit eine Repräsentation gefunden habe. Um uns in den Besitz aller Prämissen für die Schlußfolge: die Augustinisch-Thomistische Erkenntnißlehre sei den philosophischen Bestrebungen der Nachzeit Princip, zu setzen, zeigen wir nun, daß die philosophischen Lehren der N. Z. an jenen einzelnen Erkenntnißtheorien ihre Principien haben; daß dieselben die Dinge aus realen Principien abzuleiten suchen, und daß des Modus der Causalität, welcher von ihnen zu letzterem Zwecke in Anwendung gebracht worden ist, in der Augustinisch-Thomistischen Erkenntnißlehre bereits gedacht ist.

Die philosophische Lehre, welche aus der empiristischen, auf Bacon zurückweisenden, Erkenntnißtheorie hervorging, war der Materialismus, der in dem système de la nature als ein geschlossenes Ganze auftrat. Den Weg zum Materialismus hatte Locke's Lehre über das Erkennen angebahnt. Diderot, zu Ende seiner philosophischen Laufbahn am Materialismus angelangt, zog aus jener Lehre die wohlbegründete Consequenz, auch das Denken könne nur Bedeutung haben, wenn es sich auf Sinnfälliges zurückführen lasse, indem er sagt: „Locke erneuerte den alten Grundsatz: In dem Denken ist Nichts, was nicht zuvor im Sinne war, und schloß daraus, daß es keine angebornen Principien gebe, weder speculative noch moralische. Er hätte aber noch einen anderen sehr nützlichen Folgesatz ziehen können, nämlich, daß alle Ideen, wenn man sie bis in ihre letzten Elemente auflöst, in einer sinnlichen Vorstellung aufgehen müssen, daß, weil Alles, was im Denken ist, auf dem Wege der Sensation dahin gelangt, auch Alles, was aus dem Denken hervorgeht, chimärisch ist, wenn es nicht auf dem Wege der Reduction einen sinnlichen Gegenstand, außer uns findet, auf den es sich bezieht"[1]). Für ein auf sensualistischer Basis sich erbauendes philosophisches System kann es consequent keine andren Dinge geben, als materielle. Es ist daher nicht zu verwundern, daß das système de la nature, welches radikal auf's Sinnfällige zurückging, den Plan auszuführen suchte, aus der Materie und der ihr eigenen Bewegung, als dem realen Princip, das Entstehen aller Dinge des Universums zu begreifen und die Nichtexistenz des Immateriellen darzuthun. Ein solches durch beständige Umwandlung die Dinge erzeugendes Wirken unterscheidet sich wesentlich nicht von dem seitens

---

[1]) Sigwart, Geschichte d. Philos., II., S. 116.

des h. Thomas unter der transeunten Causalität angeführten calefacere (siehe S. 46 unsr. Abhdlg)! —

Zu der Cartesischen Erkenntnißtheorie stehen das metaphysische System des Spinoza und die metaphysischen Lehren des Leibniz in Relation, welche letztre, wenn auch modificirt, erst durch Wolf systematisirt wurden und in ihrer Hauptrichtung die Grundlage für die Philosophie bis zu Kant geworden sind.

Das System des Spinoza ging insofern aus der Erkenntnißtheorie des Cartesius hervor, als jener auf der in sich klar und evident und darum gewiß sein sollenden Cartesianischen Idee von der Substanz sein ganzes System erbaute. Die Eine Substanz, welche die Spinozische Philosophie aufstellt und Gott nennt, erscheint durch die Attribute des Denkens und der Ausdehnung, ihre Vermögen, als das reale Princip der Geister und Körper, als ihrer Modi; so daß gesagt werden muß, die Substanz besitze durch jene Attribute in diesen Modificationen ihre Selbstdarstellung. Die Selbstdarstellung ruht auf immanenter Wirksamkeit, in welcher sich nach dem h. Thomas (siehe S. 46 unsr. Abhdlg.) ein Wirkendes vollendet, die aber bei Spinoza wegen des falschen Substanzbegriffes pantheistische Qualität angenommen hat. Spinoza nennt ausdrücklich Gott die immanente Ursache aller Dinge [1]).

Leibniz betrachtete die Lehre des Cartesius als die Vorschule zur wahren Philosophie. Aus der Erkenntnißtheorie desselben eignete er sich die Theoreme von den wahren und den angebornen Vorstellungen an, gab aber denselben eine weitere Ausdeutung. Leibniz erkennt zwar Klarheit und Deutlichkeit als Kennzeichen wahrer Vorstellungen an, verlangt jedoch von der Klarheit, daß vermöge ihrer der Gegenstand in seiner Einzelheit auch von ähnlichen und verwandten Dingen ausgeschieden werde; von der Deutlichkeit, zufolge welcher die Merkmale eines Begiffes von einander unterschieden werden, daß dieselbe zu der vollständigen Analysis, durch welche noch die Merkmale bis zu den letzten einfachen Bestandtheilen zergliedert werden, fortschreite; und endlich von der Zusammensetzung dieser Elemente zum Begriffe, welche jener Analysis folgen müsse, daß dieselbe keinen Widerspruch enthalte. Für angeboren hielt Leibniz die allgemeinen und noth-

---

[1]) Deus est omnium rerum causa immanens; non vero transiens. Eth. I. propos. 18.

wendigen Ideen, insoferne diese nicht aus den Sinnesanschauungen stammten, sondern aus der geistigen Natur des Menschen ihren Ursprung nähmen und der Reflexion als unbewußte Vorstellungen vorhergehen. — Den Kernpunkt der Leibniz'schen Philosophie bildet die Monaden=lehre. Die Monaden sind active Substanzen mit einer untergeordneten leidenden Kraft, in welcher sie sich körperlich individualisiren. Inner=halb der eigenen Körperlichkeit wirken dieselben in fortwährendem Bewegen; durch die Körperlichkeit stellen sie, mit anderen Monaden scheinbar vereinigt, die Einzeldinge als Körper dar. Seitens der activen Kraft ist die Monade in der Entwicklung, im selbstmächtigen Streben nach Vorstellen, begriffen, Seele, welche einen eigenen Grad des Vorstellens auszufüllen die Bestimmung hat; so wie auch in einem organischen Körper die dominirende Centralmonade Seele dieses Organismus ist und einen bestimmten Grad des Vorstellens repräsen=tiren soll. Das Vorstellen, als sinnliches ein productives Abspiegeln aller Körper, erscheint, je nach dem Grade der Abspiegelung, als dunkles, verworrenes (aber klares) und deutliches. Zur vollen Deutlichkeit zu gelangen, ist Ziel der Vorstellung. Auf der Stufe des Menschen erzielt die Entwicklung die Deutlichkeit dadurch, daß sie die ursprünglich dunklen Vorstellungen zu bewußten macht. Bewußte Vorstellungen sind reflere Vorstellungen, in welchen die Seele auch von ihrem Selbst die Vorstellungen unterscheidet, und im Wissen um sich selbst, d. h. als Geist, zugleich der Ideen inne wird, welche ihrer Vernunft angehören, zu den übersinnlichen Beschaffenheiten der Dinge: als dem Sein, der Substanz, der Identität, der Causalität ꝛc., in Bezug stehen und die Erkenntniß ermöglichen. Die Urtheile, in welchen diese allgemeinen und nothwendigen Ideen auseinandergelegt und verdeutlicht werden, enthalten die ewigen Wahrheiten, sind Axiome, welche allen anderen Urtheilen zu Grunde liegen, und bilden die Keime der Wissenschaften, welche bis zu den letzten Bestandtheilen der Begriffe vordringen, durch=greifenden Zusammenhang anstreben, und dadurch die vollständige Deutlichkeit, die Aufklärung, herbeiführen. Die reinen Vernunftwissen=schaften gründen sich auf das Axiom der Identität, gemäß welcher die möglichen Dinge mit sich selbst übereinstimmen müssen; die Erfahrungs=wissenschaften ruhen auf dem Axiom der Causalität, zufolge dessen die wirklichen Dinge aus den Bedingungen der Natur, mit welchen die=selben gleichfalls übereinstimmen müssen, abgeleitet werden sollen. Gefaßt als Satz des zureichenden Grundes, trägt das Axiom der

Caufalität die Idee von Gott in sich. — Das Streben nach Vorstellen, wovon die bisherige Entwicklung des Seelenlebens getragen erschien, nimmt aber auch selbst noch Bestimmungen von den Vorstellungen an und verleiht dadurch der Entwicklung eine praktische Seite. Dasselbe dauert ja nach erreichtem Vorstellen fort und wird nun eben in dieser Fortdauer ein Streben nach Verwirklichung der Vorstellung, ein Handeln. Der Uebergang vom Vorstellen zum Handeln wird durch die eigene Beschaffenheit der Strebkraft vermittelt. Entsprechend nämlich der verworrenen Vorstellung wohnen der Strebkraft gewisse Inclinationen, von welchen die nach Glückseligkeit die mächtigste ist, von Natur aus inne; diese Inclinationen begründen ein natürliches Wollen, ein instinktives Handeln. In der Sphäre der deutlichen Vorstellung entwickeln sich die Inclinationen zu Maximen, wird der natürliche Wille zum moralischen, welcher sich nach den Vernunftmaximen des Guten richtet und frei ist: frei, weil er wählt, aber nicht frei in absoluter Indifferenz, weil er nach den mächtigsten Motiven, welche jedoch bloß incliniren, wählt. Das instinctive Streben ist auch ein natürliches Streben nach Gott, ein Gottesgefühl, welches sich zur Gotteserkenntniß und Religion entwickeln und die Moral erfüllen und vollenden soll. Dieser innern Entwicklung des Seelenlebens verleiht Leibniz ein äußeres Abbild in dem continuirlichen Zusammenhange, welcher alle Dinge in der Weise unter einander verknüpft, daß alles Gegensätzliche allmählig durch Mittelstufen, ohne irgend ein Lücke, ohne jeglichen Sprung, in einander übergeht, das Niedere im Höheren enthalten ist und durch dieses weitergebildet wird. Die einzelnen Dinge sind die concreten Momente dieses Zusammenhanges, obgleich keine Monade auf die anderen einen physischen Einfluß ausüben soll. — Die gesetzmäßige Entwicklung, welche Leibniz für das Seelenleben aufstellt, beschließt die immanente Causalität, welche der h. Thomas für Erkennen und Wollen beansprucht, in sich. Die Leibniz'sche Handhabung der immanenten Causalität aber, zufolge welcher alles Wirken innerhalb der sich bethätigenden Seele beschlossen ist, steht mit unserm Bewußtsein, welches uns sowohl über ein von Außen kommendes, unsere Thätigkeit factisch bedingendes, als auch über ein von uns wirklich ausgehendes und andere Dinge gestaltendes Wirken vergewissert, im Widerspruche und macht die proponirte Entwicklung des Erkennens und Wollens zu einer unnatürlichen; wie denn auch mit ihr die Ansicht von einem wahrhaft continuirlichen, die

Dinge wirklich verknüpfenden Zusammenhange nicht bestehen kann. — Die Leibniz'sche Philosophie hatte mannigfaltige philosophische Bestrebungen zur Folge, welche jedoch durch Leibnizens Idee von der Entwicklung zu einem Ganzen zusammengehalten werden, indem sie die Hauptmomente der letzteren selbst zu besonderer Darstellung zu bringen suchten. Die erste Darstellung galt dem Ziele der geistigen Entwicklung, der Aufklärung und deren Dienstleistung für Moral, Religion und das Praktische überhaupt. Die Aufklärung an sich vertrat vorzüglich Wolf durch die Systematisirung der Leibniz'schen Lehren, sodann Mendelssohn durch seine Popularphilosophie. Im Dienste der Moral erstrebten Aufklärung Abbt, Engel, Garve; im Dienste der natürlichen Religion Reimarus 2c... Die zweite Darstellung griff den Act der Entwicklung auf: für die Kunstgeschichte des Alterthums Winkelmann, für den Gang der Erziehung des Menschengeschlechtes Lessing, für die Geschichte der Menschheit überhaupt Herder. Die dritte Darstellung vertiefte sich in den der Entwicklung vorhergehenden Anfang und forschte dem Ursprunge der Religion, der Poesie, der Kunst, der Sprache und der Erkenntniß des Uebersinnlichen nach. In letzterer Beziehung ist Hamann, besonders aber Jacobi zu erwähnen. — Insofern nun die Leibniz'sche Idee von der Entwicklung, welche die bis an Kant heranreichenden philosophischen Erzeugnisse selbst als Momente eines Entwicklungsganzen hervorgetrieben, ihrem wahren Gehalte nach in der Idee der immanenten Causalität wurzelt, muß letztre als die dominirende während des bezeichneten Zeitraumes der Philosophie anerkannt werden.

Die philosophischen Systeme, welche der kritischen Erkenntnißtheorie Kant's ihren Ursprung verdanken und der Philosophie den ferneren Entwicklungsgang bis in unsre Tage hinein vorgezeichnet haben, gehören vorzüglich Fichte, Schelling und Hegel an. Es war der productive Apriorismus Kant's, welcher sich in der Ich-Philosophie Fichte's, in der Natur- und Geistes- (Transscendental-) Philosophie Schellings und endlich in der Hegel'schen Philosophie des Absoluten einen immer adäquateren Ausdruck zu geben suchte. Kant hatte dem menschlichen Geiste die Macht zuerkannt, die Erscheinungen der sinnfälligen Dinge zu gestalten und eine moralische Welt in's Dasein zu rufen. Fichte hielt diese Macht auch zur Production des ersten Reizes der Sinnesanschauung, den Kant noch als von Naturdingen bewirkt angenommen hatte, ausreichend, erhob den Geist zum ausschließlichen **Princip** aller seiner Phänomene und strich eine außerhalb des Wissens vorhandene Natur als Realität der Wissenschaft. Von dem Wesen dieses Princips läßt sich nichts anderes sagen, als daß es gelebt werden kann und mit der reinen Form der Ichheit, aus welcher alles Andere hervorgeht, versehen ist. Die ursprüngliche Setzung ist das Ich, ein Identisches von Wissen und Gewußtem (Ichgedanke). Soll das Ich sich selbst erscheinen und unterscheiden, so muß es aus dieser Identität hervortreten und ein Objectives sich, als dem Erkennenden, gegenübersetzen. Die Fülle des Objectiven besteht in sämmtlichen Bildern des sinnlichen, beschränkten Daseins; das Erkennen vollzieht sich im Anschauen und Denken; letztres faßt nach apriorischen Formen die Vielheit der im Anschauen hervorgetretenen Bilder zur Einheit des Begriffes zusammen und verleiht jenen die Vollendung der Objectivität. Um die in der Setzung des Objectes verhüllte, mit Nothwendigkeit stattfindende schöpferische Thätigkeit offenbar zu machen, kehrt das Ich vom Gegensätzlichen zu sich, dem ursprünglich Identischen, zurück und unterwirft die gesetzte Welt seiner Macht dadurch, daß es mit Freiheit an jener die Ideale der Vernunft für Wissenschaft und Kunst, für Gesellschaft und Staat, besonders aber die Ideale des sittlichen Willens verwirklicht und in der Hingabe an letztren seine Seligkeit findet. Satz, Gegensatz und Gleichsatz (Identisches) zu sein, ist die Gesetzlichkeit, nach welcher das Ich sich in seinem vollen Inhalte erscheint. — Die auf Hervorbringung und Vollendung eines Aeußeren abzielende Causalität ist dem h. Thomas zufolge **die transeunte Causalität** (vgl. S. 46). Freilich ist das vom Fichte'schen Ich Gesetzte nur Vorstellung und Gedanke eines Aeußeren; allein dasselbe wird von Fichte, wenn auch im Widerspruche mit dem menschlichen Bewußtsein, so behandelt, als sei es ein wirkliches Aeußere; weshalb gesagt werden muß, Fichte habe doch transeunte Causalität in Anwendung gebracht. In Wahrheit kommt der menschlichen Seele nur insofern transeunte Causalität zu, als dieselbe den menschlichen Leib gestaltet, belebt, durch dessen Organe thätig ist, durch diese Thätigkeit selbst der menschlichen Gesellschaft Dasein verleiht und sodann an der letztren und an der äußern Natur die ethischen, politischen und ästhetischen Ideale realisirt [1]). — — Das mit sich identische Ich findet sich jenseits

---

[1]) Intellectus practicus causat res: unde est mensuratio rerum, quae per ipsum fiunt, Thomas de Verit. qu. 1, art. 2.

des gesetzten Objectes. Aber ist dieses Ich nicht Wissen, und dieses
Wissen nicht That? Ist also jenes Ich nicht selbst Gewordenes und
weiß es sich nicht als ein Glied in der Reihe alles Gewordenen?
Schelling erfaßte das menschliche Ich als Product und setzte für
Natur- und Geisterwelt eine unendliche Kraft als Princip an. In
der Natur ist gemäß Schelling eine unendliche Kraft thätig, welche
durch Veräußerung ihrer selbst die materiellen Einzeldinge hervorbringt
und darin sich verendlicht, ihre Unendlichkeit aber dadurch bewährt,
daß sie das Producirte in sich selbst fortwährend gestaltet und in zahl-
losem Aehnlichen wiederholt, daß sie über dasselbe hinaus zu höheren
Productionen, welche die materielle Hülle immer mehr abstreifen, dagegen das Formelle, das Geistige, in zunehmendem Grade hervortreten
lassen, fortschreitet, bis sie im Menschen, als höchster Production, aus
der Vielheit zur Einheit zurückkehrt, sich selber inne und Vernunft
wird, als solche in allgemeinen, unbeschränkten Ideen alles äußere
Reale umfaßt und im Zusammenschluß der Ideen mit dem Realen
sich als das Eine Unendliche bewährt. — Die von der Schelling-
schen Naturphilosophie in Anwendung gebrachte Causalität hat
transeunte Qualität, wie denn auch, wegen des fortwährenden Ent-
stehens anorganischer und organischer Einzeldinge, transeunt wirkende
Kräfte der Natur in der That zugestanden werden müssen. Aber welcher
Grund nöthigt zu der Annahme, daß das nächste Princip der Naturdinge eine unendliche Kraft sei? und wie darf man auf dem Wege
der Evolution aus der Natur die Existenz der menschlichen Seele
begreifen wollen, die, in Uebereinstimmung mit den Thatsachen des
Selbstbewußtseins, als ein Ganzes an sich selbst, welches nicht auch
in Anderem sein Wesen vorfindet, betrachtet werden muß? — — In
Schelling's Geiste scheinen solche Fragen nicht aufgestiegen zu sein;
denn wir sehen ihn nur beschäftigt mit näherer Bestimmung des Princips als unendlicher Kraft, welche letztre er sofort als die reinste, über
allen Gegensätzen stehende, Identität bezeichnete. An dieser Bestimmung
knüpfte Hegel an, indem er zu entdecken suchte, wie denn aus der
bestimmungslosen Identität die Gegensätze hätten hervorgehen können.
Die Entdeckung hielt Hegel für gemacht durch den Gedanken, das unbestimmte, abstracte Sein sei als solches einseitig und unwahr, es ver-
lange sein Gegentheil und schlage darum nothwendig in dieses um;
aber auch letztres sei für sich einseitig (nicht alles Sein) und unwahr,
es weise auf erstres zurück; da nun weder das eine noch das andere

wegen seiner Einseitigkeit wahr sei, so könne das Wahre nur die Einheit beider, in welcher, als einem Höheren, die Gegensätze aufgehoben und erhalten worden, sein. Indem nun Hegel das Absolute in reiner Abstract= heit Idee nannte, gab er die Natur für das Gegensätzliche, in welches die Idee umschlage, und den Geist (die Vernunft), in welchem Natur und Idee zur Einheit des Gedankens zusammengehen, für die ange= messene Form des Absoluten aus. Da aber das Absolute in jeder dieser Sphären die Darstellung seiner selbst erlebt, so macht sich auch in jeder derselben auf durchgreifende Weise die dem Absoluten eigene dialectische Gesetzlichkeit, entgegen= und gleichzusetzen, geltend. Daher existirt das Absolute als Idee nur in einer Ideen=, als Natur in einer Natur=, als Geist in einer Geister=Welt. — Dieser Lebensproceß des Absoluten führt die transeunte Causalität mit sich, weil letztres, ungeachtet seiner Selbstdarstellung, sich doch nur durch Produc= tionen, die sich, wegen der Entgegen= und Gleichsetzung, als Anderes und Beschränkendes gegenüberstehen, vollenden kann. Eine solche Cau= salität ist aber mit dem Leben, worin Gott sich selber lebt, unvereinbar: von dem Leben der prima causa alles Veränderlichen muß jede Ver= änderung fern gehalten werden; demselben entspricht nur der im voll= endeten Sein unveränderliche actus purus. In transeunter Causalität wirkt Gott blos als Schöpfer, Erhalter und Regierer der Welt. —

3. Unsre bisherige Forschungen über die Leistungen der Neuen Zeit für den Entwicklungsgang der Geschichte der Philosophie stellen folgende Ergebnisse heraus. 1) Jene Leistungen sind von dem can= salen Erkennen beherrscht: die ersten, einen entschiedenen Character kundgebenden Bestrebungen zielen auf Erkenntniß der Causalität ab; es drängen sich Erkenntnißtheorien hervor, welche die causalen Principien für bestimmte philosophische Lehren werden; diese Er= kenntnißtheorien stellen sich als wissenschaftliche Ganze aus eigenen causalen Principien hin, und die daraus fließenden philosophischen Lehren nehmen von realen Principien der zu erkennenden Dinge den Ausgang und schreiten zu der Erkenntniß der Dinge selbst mittelst causaler Bindungsmittel fort; dieses causale Verfahren trägt ein constantes Gepräge und zieht sich als transeuntes oder imma= nentes durch alle jene philosophische Lehren hindurch, welche durch eine bestimmte Erkenntnißtheorie, als gemeinsame Wurzel, unter einander verknüpft sind; — 2) die Leistungen der N. Z. stehen mit der Augusti= nisch=Thomistischen Erkenntnißtheorie in innigem Zusammenhange: nicht

nur sind immanente und transeunte Causalität von dem h. Thomas schon gekannt und deren Erkenntniß für erheblich gehalten, sondern die Augustinisch-Thomistische Erkenntnißlehre ist sogar der tiefere Grund für die Thatsache, daß eben jene Causalitäten in der N. Z. zur Verwendung gelangten; weil die Erkenntnißtheorien, welche den Gebrauch der immanenten oder transeunten Causalität herbeiführten, Repräsentationen der Hauptmomente jener Erkenntnißlehre, und die Erkenntnißtheorien der N. Z. demnach in der geschichtlichen Entwicklung die Mittelglieder sind, durch welche die Augustinisch-Thomistische Erkenntnißlehre ihre Wirksamkeit den späteren Jahrhunderten zuleiten konnte. Gewiß darf weder der französische Materialismus, noch der Spinozische Pantheismus und der Leibniz'sche Monadismus, noch endlich der Fichte'sche Idealismus, der Schelling'sche aprioristische Realismus und der Hegel'sche dialectische Pantheismus auf Rechnung der Augustinisch-Thomistischen Erkenntnißlehre geschrieben werden; denn diese philosophischen Erscheinungen gründen in Verkehrtheiten, welche die Erkenntnißtheorien Locke's, Des Cartes's und Kant's als solche veranlaßten; aber die immanente und die transeunte Causalität, welche sich durch jene philosophischen Erscheinungen hindurchziehen, an sich sind durch diejenigen Erkenntnißmomente der Augustinisch-Thomistischen Erkenntnißlehre eingeleitet, welche in den modernen Erkenntnißtheorien vertreten werden sollten. Sowohl das ursprüngliche, als das reflexe sinnlich empirische Erkennen sucht sein Object in einem äußeren Anderen und gibt einer Philosophie das Dasein, welche ihr reales Princip in äußerem Wirken thätig sein läßt, während das Selbstbewußtsein und die Erkenntnißprincipien selbst ihr Object mit sich führen und eine Philosophie hervorrufen, welche ihrem realen Princip ein Wirken vindicirt, worin dasselbe seine innere Vollendung durchsetzt. Deßhalb ist die Erwartung begründet, daß sich jene Causalitäten auch als die constanten Grundzüge der Philosophie eingestellt hätten, wenn unter ausdrücklicher Bezugnahme auf die Hauptmomente der Augustinisch-Thomistischen Erkenntnißlehre philosophirt worden wäre; aber auf diesem soliden Fundamente war auch jenen philosophischen Fehlgeburten vorgebeugt und nicht einer materialistischen, sondern einer Philosophie von der anorganischen Natur, nicht einer Spinozisch-pantheistischen, sondern einer theistischen, von Gott an sich, nicht einer monadistischen, wohl aber einer Philosophie von dem menschlichen Geiste, nicht einer Fichte'schen Ich=Philosophie, vielmehr einer Philosophie des Menschen, nicht einer Schelling'schen Natur= und Transscendentalphilosophie, jedoch einer Philosophie von der organischen, den Menschen anstrebenden Natur, nicht einer Hegelisch=pantheistischen, sondern einer theistischen Philosophie von Gott, dem Schöpfer, Erhalter und Regierer der Welt entgegenzusehen.

So erscheint denn jetzt die Schlußfolge, die Augustinisch=Thomistische Erkenntnißlehre sei die principielle Grundlage sämmtlicher philosophischen Bestrebungen bis in unsere Tage hinein, als zu Recht bestehend. Nachdem aber auch nachgewiesen worden, daß die Erkenntnißlehren des h. Augustinus und des h. Thomas die Hauptlehren der griechischen Philosophen über das menschliche Erkennen aufgenommen und vervollkommnet haben, darf unsre ursprüngliche Ankündigung, die Augustinisch-Thomistische Erkenntnißlehre sei ein durch die Erkenntnißlehren des Alterthums bedingtes, diese selbst zu principiellem Character erhebendes und die Philosophie der Neuen Zeit bedingendes Princip, sich nicht weniger für gerechtfertigt halten.

4. Die N. Zeit hat uns bis jetzt noch nur partielle Erkenntnißtheorien aufgezeigt. Soll aber die Erkenntnißtheorie zur vollkommenen Darstellung gelangen, so steht noch eine solche, welche als selbständige zugleich alle Momente des Erkennens mit entsprechender Werthschätzung vereinigt, in Aussicht. Wir halten daher die bisherige Wirksamkeit der Augustinisch=Thomistischen Erkenntnißtheorie keineswegs für abgeschlossen; wir sehen vielmehr ihrer Vollendung zu derjenigen principiellen Wirksamkeit, welche die Augustinisch=Thomistische Erkenntnißtheorie in der Totalität ihrer Momente selbständig zu leisten im Stande ist, zuversichtlich entgegen; denn diese principielle Wirksamkeit ist die eigentliche, also diejenige, welche der geschichtliche Verlauf der N. Zeit gerade intendirt. Da nun über das von Kant vertretene Moment hinaus kein anderes als zum Processe des menschlichen Erkennens gehöriges mehr bekannt und zu repräsentiren ist; so werden wir eine in der Totalität ihrer Momente selbständige Augustinisch-Thomistische Erkenntnißtheorie für die nächste Zeitaufgabe erklären müssen. Die Zeichen unsrer Tage deuten bereits an, daß diese umfassende Aufgabe in Angriff genommen werden soll. Philologische Kritik und Philosophie im Bunde erstreben mit möglichster Genauigkeit die Ermittlung des vollen Gehaltes der Platonischen und Aristotelischen Schriften, damit allseitige und gründlichste Erfassung der

Lehren der größten Philosophen des Alterthums der Fortentwicklung
der Philosophie förderlich werde. Auf kirchlichem Gebiete haben
Augustinus und besonders Thomas von Aquin die allgemeine
Aufmerksamkeit auf sich gezogen; und während die Erkenntnißlehren
Beider schon Gegenstand erkenntnißtheoretischer Behandlung seitens
der Scholastik — augenscheinlich in Annäherung an den principiellen
Character der Philosophie der Neuen Zeit — geworden sind, bringt
die moderne Wissenschaft auf Erhaltung von gewissen Errungenschaften, in welchen dieselbe ein von den philosophischen Bemühungen
der N. Zeit mit Recht erstrebtes Ziel erblicken will. Kurz: Alterthum,
Mittelalter und Neuzeit verlangen unmittelbare Betheiligung an dem
philosophischen Werke der Zukunft. Wie könnte jedoch diese Betheiligung naturgemäßer von Statten gehen, als in der Verbindung,
welche die Geschichte für die verschiedenartigen Leistungen bereits ge-
schaffen hat? In dieser Verbindung — so haben wir erkannt — bietet
das Alterthum zur Erkenntnißlehre den Keim, aber einen kranken Keim,
dar, welcher auf dem Boden des Christenthums regenerirt und von
der erkenntnißbeflissenen Scholastik, unter Vorkehrung der Seite der
Wesenerkenntniß, zu einem der Größe des künftigen Baumes propor-
tionirten Wurzelstocke herangebildet wurde, und nur aus diesem Wurzelstocke, unter Anstrengung der Causalitätserkenntniß, die Hauptmomente
des Erkenntnißprocesses zum Zwecke der Erkenntniß des sich begebenden
Wirkens in Sonderung nacheinander hervortreiben sollte. Ist nicht
die Kraft des Keimes noch immerwährend in dem jetzt selbst vollkommener
gewordenen Wurzelstocke wirksam? Spendet letzterer nicht fortdauernd
dem von ihm getragenen und nun weit ausgebreiteten Baume Bestand
und Leben? So müßten denn auch jetzt noch die mit allen Hilfsmitteln
der Wissenschaften neuerdings erforschten Erkenntnißlehren des Platon
und des Aristoteles in eine Erkenntnißtheorie, welche die Augustinisch-Thomistische Erkenntnißlehre zur Grundlage nimmt, einmün-
den; die Augustinisch-Thomistische Erkenntnißlehre selbst jedoch müßte
in der Weise die Grundlage der zu errichtenden Erkenntnißtheorie bilden,
daß aus ihr ein erkenntnißtheoretisches Princip hervorgehoben
würde, aus welchem durch die Macht der causalen Entwicklung
alle zur totalen Erkenntnißtheorie gehörigen und von Augustinus
und Thomas angegebenen Theile und wesentlichen Momente hervor-
gingen, zur Ermöglichung der Erkenntniß des Wesens und des factischen
Wirkens dieses Wesens. Dann ständen Alterthum, Mittelalter und

Neuzeit in naturwüchsiger Einheit; dann gelangte die Augustinisch-Thomistische Erkenntnißlehre selbst zur Vollendung, indem sie in ihrer Totalität selbstständige Darstellung erhielte, und zudem das in ihr noch der fortbildenden Bestimmungen Bedürftige, wie z. B. der intellectus als agens und possibilis in Spaltung, durch das causale Erkennen in solche Bestimmungen eingeführt werden könnte; dann würden gleichmäßig die von der modernen Philosophie beanspruchten Errungenschaften, wie freie Forschung u. dgl., durch den Augustinisch-Thomistischen Geist der Erkenntnißtheorie, nichts aufzunehmen, was Christlichem widerspricht, auf ihr gehöriges Maß zurückgebracht und in den gebührenden Schranken gehalten werden. — Oder sollte etwa dadurch, daß in diesem Geiste verfahren würde, die Erkenntnißtheorie in dem Character reiner Vernunftwissenschaft beeinträchtigt werden? Untersuchen wir! Nehmen wir an, es handle sich, wie bei Augustinus und Thomas, um Aufnahme von Denkerzeugnissen Anderer in die Erkenntnißtheorie. Die Aufnahme verlangt eine vorhergehende Prüfung derselben, weil nur Wahres in einer Wissenschaft, namentlich in der erkenntnißtheoretischen Wissenschaft, vorkommen soll. Der Prüfende aber tritt als solcher dem zu Prüfenden gegenüber; und wenn jener sich auch auf den Standpunkt versetzt, von welchem aus das letztre sich ergeben hat, so prüft er doch wahrhaft nur, wenn er vor Allem die Wahrheit dieses Standpunktes in Erwägung zieht, wobei er sich genöthigt sehen wird, seiner Prüfung bloß den Maßstab der Wahrheit, welchen er in sich selbst trägt, zu Grunde zu legen, weil der erst zu prüfende Standpunkt für ihn in keiner Weise eine Norm abgeben kann. Dieser Maßstab besteht aus den natürlichen Erkenntnissen, welche theils unmittelbar aus den natürlichen Erkenntnißprincipien hervorgehen (primäre Wahrheiten), theils mittelbar aus oder mit letztren gewonnen worden sind (secundäre Wahrheiten), und, wenn der Prüfende Christ ist, aus den christlichen Erkenntnissen (den übernatürlichen Wahrheiten). Der Prüfende aber darf auch im Interesse einer reinen Vernunftwissenschaft die übernatürlichen Wahrheiten eben sowohl, als die natürlichen, bei der Prüfung in Anwendung bringen; denn er darf nachforschen, ob das zu Prüfende nicht irgend einer Wahrheit widerspreche, weil, was irgend einer Wahrheit widerspricht, nicht selbst den Character der Wahrheit, welche mit sich selbst in Harmonie steht und unveränderlich ist, haben kann. Wird nun demjenigen, welches im Widerspruche mit Christlichem betroffen wird, die Aufnahme in die Erkenntnißtheorie verweigert; so darf in dieser Verweigerung keine Beeinträchtigung der Erkenntnißtheorie als reiner Vernunftwissenschaft gesehen werden, weil gerade das Wahrheitsinteresse der letztren selbst die Ausscheidung des Nichtprobehaltigen nothwendig macht. Die Situation des denkenden Menschen ist mit der im angenommenen Falle dieselbe, wenn jener das Princip der Erkenntnißtheorie aufstellen will; denn Jeglichem, welches er als solches Princip zur Geltung zu bringen gedenkt, steht er als ein Prüfender gegenüber, welcher wegen noch nicht erfolgter Anerkennung des intendirten Princips, nur den Maßstab der Wahrheit besitzt, den wir im bedachten Falle namhaft gemacht, und welcher von diesem Maßstabe einen solchen Gebrauch zu machen hat, wie wir gleichfalls schon angegeben haben. Schreitet derselbe von dem am Christlichen bereits geprüften und bewährt gefundenen Principe zu dem vollen Betriebe der Erkenntnißtheorie fort, so wird er nun auch noch durch dieses Princip angewiesen, von der ganzen folgenden Darstellung das dem Christenthum Widersprechende fern zu halten; denn das Princip trägt in nuce die ganze Entwicklungsreihe in sich und schließt darum, wie für sich, so auch für die letztre das Unchristliche aus. So ist denn nach keiner Seite hin eine Beeinträchtigung der Erkenntnißtheorie als reiner Vernunftwissenschaft wahrzunehmen, wenn man darauf Bedacht nimmt, daß dem Unchristlichen das Eindringen in dieselbe verwehrt werde. Verträgt es sich aber auch mit der reinen Vernunftwissenschaft, wenn positiv Christliches in sie aufgenommen wird? Das Christenthum verbreitet sich nicht ausschließlich über solches, was die Vernunft übersteigt, rein übernatürlich ist, sondern außerdem noch über die natürlichen Dinge, welche Gegenstände der Vernunfterkenntniß sind. Christliche Lehren letztrer Art enthalten eben solches, welches auch von der erkennenden Vernunft erzielt werden soll, nicht ein der Vernunft Fremdes, sondern ein derselben Zustehendes. Wird nun dieses Christliche in der Weise der Erkenntnißtheorie eingefügt, daß es in letztrer als ein Erkenntnißresultat aus deren eigenem Princip erscheint; so hat man zugleich der Vernunft und der Wissenschaft derselben, d. h. der Erkenntnißtheorie als reiner Vernunftwissenschaft, Genüge geleistet, indem man die Vernunft selbst das ihr Zustehende auf die ihr eigenthümliche Weise sich nehmen ließ. Von Beeinträchtigung reiner Vernunftwissenschaft kann also auch hier keine Rede sein. Die Erkenntnißlehre Augustin's trägt, insofern sich ihr die Idee des göttlichen Logos einmischt, allerdings noch ein dem reinen Vernunfterkennen Fremdes in sich; es darf aber nicht übersehen werden, daß dieses fremde Element in jener Erkenntnißlehre ein unwesentliches, und die Erkenntnißlehre noch nicht ausgebildete Erkenntnißtheorie ist. Kehren wir zum philosophischen Werke der Zukunft zurück.

Jene totale Erkenntnißtheorie wäre ferner fähig, Princip einer totalen Philosophie zu werden. Ihrer Doctrin zufolge kömmt die Erkenntniß des Uebersinnlichen im Allgemeinen dadurch zu Stande, daß das Wesen und dessen causales Wirken erkannt wird. Die vollkommene Betrachtung des Wesens macht die Philosophie zur metaphysischen; die erschöpfende Erforschung des causalen Wirkens zur speculativen, insofern eine erschöpfende Erforschung des causalen Wirkens erst ihren Anfang nehmen kann, wenn die vollkommene Betrachtung des Wesens beendigt, d. h. wenn die Wesenheit zuhöchst in Gott erfaßt ist, was zur nothwendigen Folge hat, daß nun von Gott aus, also auf speculative Weise, das Wirken des Wesens zur wissenschaftlichen Darstellung gebracht wird. Die metaphysische Philosophie hat zum Endziele die Erkenntniß des Wesens als Princips, weil ja das Wesen es ist, dessen Causalität erkannt werden soll; in dieser Tendenz nimmt daher die metaphysische Philosophie selbst ein causales Verhalten an, und wird rückschreitend das Wesen entweder auf seine ursprünglichen Elemente zurückgeführt (beim Menschen, bei der äußern Natur) oder, nach Ermittlung der ihm eigenthümlichen Qualitäten, in seiner angebornen Beschaffenheit zum Wirken betrachtet (bei der menschlichen Seele). In Uebereinstimmung mit dem Principe der Erkenntnißtheorie, welches kein anderes sein dürfte, als das normirende ursprüngliche Erkennen des Menschen, in welchem der Intellect in Verbindung mit den innern und äußern Sensationen sein eigenthümliches Object, die wirkliche Wesenheit der Naturdinge, direct, und aus diesem Acte sich selbst indirect erfaßt, würde die metaphysische Philosophie jene Wesenerkenntniß, unter zu Grundelegung der scholastischen Wesenbestimmungen, an erster Stelle bezüglich des Menschen, von welchem aus zugleich zu allem anderen Wesen übergegangen werden kann, an zweiter rücksichtlich der äußern Natur, an dritter mit Bezug auf die menschliche Seele, und an vierter mit Rücksicht auf Gott, dem höchsten Principe der erkannten Wesenheiten, zu gewinnen suchen. Die speculative Philosophie würde die Erkenntniß Gottes in der Richtung des göttlichen Wirkens nach Außen, gleichfalls auf der

Grundlage der entsprechenden scholastischen Wesenbestimmungen, fortsetzen und die Welt als ein realisirtes Aehnliche von Gott, welches in der Natur Wesenhaftes mit transeunter Causalität, in dem Geiste Wesen mit immanenter Causalität, und im Menschen ein Wesen mit immanenter und transeunter Causalität wäre, zu erkennen haben. Die ausführliche Exposition der transeunten Causalität des Menschen (allerdings mit Rücksichtnahme auf die Creatur, deren Wesen in der metaphysischen Philosophie als reales bereits erkannt worden ist) hätte auch die practischen Disciplinen der Philosophie zur Folge. — Der in dieser Weise als Princip totaler Philosophie sich bewährenden Erkenntnißtheorie müßten jedoch als einleitende Wissenschaften Logik und Geschichte der Philosophie vorhergehen, behandelt vom Standpunkte derjenigen wissenschaftlichen Bildung, welche man sich, wann das selbstständige Philosophiren beginnt, erworben haben muß. Die Logik hat mit den Gesetzen und Formen des Denkens, dessen man ja schon zum Aufbau der Erkenntnißtheorie nicht entbehren kann, bekannt zu machen; der Geschichte der Philosophie jedoch liegt es ob, durch historische Entwicklung die Orientirung über die Aufgabe, welche unsrer Zeit gestellt ist, vorzubereiten.

Welch' eine hehre Aufgabe, die Philosophie, die Wissenschaft von dem Uebersinnlichen, ihrer Vollendung entgegenzuführen! — Wie viele Jahrhunderte werden im edelsten Eifer ihre volle Kraft derselben noch weihen, und sich dennoch nicht rühmen können, daß sie die kostbaren Schätze alle gehoben, welche der Schooß der übersinnlichen Welt in sich birgt! — Schon allein in Folge der causalen Bestrebungen der neuesten Zeit war der Gegenstand philosophischer Erwägung so reichhaltig geworden, daß Balmes keinen Anstand nahm, die Worte niederzuschreiben: „Es gab eine Zeit, wo man die Philosophie als eine besondere Wissenschaft betrachtete, die, von den anderen gänzlich abgeschieden, sich auf gewisse Gegenstände beschränkte, und das bildete, was man ein Lehrgebäude, Lehrsystem nennt. Jetzt und seit dem verflossenen Jahrhundert ist die Philosophie kein Zweig der menschlichen Kenntnisse mehr; sie ist weder ihre Wurzel noch ihre Frucht, sondern eine Art von kostbarem Saft, der sich allmälig in alle Theile verbreitet. Auf solche Weise haben wir eine Wissenschaftsphilosophie, eine Literaturphilosophie, Kunst- und Weltphilosophie, kurz Philosophie von Allem. Nun aber, was bezeichnet dieses Wort in seiner ganzen Bedeutung, in seinem eigentlichen Sinne, in seiner vollständigen Ausdehnung genommen, daß es auf so viele verschiedene Gegenstände von so verschiedener Natur, von so mauchfachen Formen, von jeder Farbe und jeder Schattirung seine Anwendung findet. Wir wollen eine einfache und leichte Definition davon geben, die aber auch bei ihrer Einfachheit nicht ermangelt, vollständig zu sein... Die Philosophie besteht darin, bei jedem Gegenstande Alles zu sehen, was darin ist, und Nichts als was darin ist¹)." Mit wie größerem Rechte aber muß der Philosophie — versteht sich innerhalb der reinen Vernunftsphäre — ein so umfassendes Gebiet zugewiesen werden, wenn an sie wirklich der Ruf ergangen ist, sich im Character einer totalen zu bewähren und ihrer „ganzen Bedeutung", ihrem „eigentlichen Sinne", ihrer „vollständigen Ausdehnung" zu entsprechen. — Wo gibt es nun Stillstand, wo Ruhe für das Erkennen? Und wenn die Einsicht in die Wahrheit dem Geiste die höchste und würdigste Freude bereitet, mit welcher Wonne wird ihn dann die Einschau in die sich immer weiter aufschließende Fülle der Wahrheit beglücken! Gewiß es würde nicht unerfüllt bleiben, was Augustinus bereits geahnet, als er schrieb:

Et ideo fortasse merito philosophi in rebus intelligibilibus divitias ponunt, et in sensibilibus egestatem. Quid enim aerumnosius, quam minus atque minus semper posse fieri? Quid ditius, quam crescere quantum velis, ire quo velis, redire cum velis, quo usque velis, et hoc multum amare, quod minui non potest?

---

¹) Vermischte Schr. I, S. 31—32.